엮은이 시라토리 하루히코白取春彦(1954~)

일본 아오모리시에서 태어났다. 베를린 자유대학에서 철학·종교·문학을 배웠다. 기성관념에 사로잡히지 않은, 철학과 종교에 관한 해설서의 명쾌함으로 정평이 나 있다. 《초역 니체의 말》(삼호미디어)은 밀리언셀러가 되었다. 《인생이 잘 풀리는 철학적 사고술》(샘터) 《독학》(이룸북) 《죽은 철학자의 살아있는 인생수업》(포레스트북스) 《지성만이 무기다》(비즈니스북스) 《니체와 함께 산책을》(다산초당) 등을 비롯한 많은 책을 썼다.

KB016867

옮긴이 이지수

하루키의 책을 원서로 읽기 위해 일본어를 전공한 번역가. 사노 요코의 《사는 게 뭐라고》 《죽는 게 뭐라고》, 고레에다 히로카즈의 《영화를 찍으며 생각한 것》 《키키 키린의 말》 《작은 이야기를 계속 하겠습니다》, 니시카와 미와의 《고독한 직업》 《야구에도 3번의 기회가 있다는데》, 미야모토 테루의 《생의 실루엣》 《그냥 믿어주는 일》, 무라이 리코의 《오빠가 죽었다》, 무레 요코의 《이걸로 살아요》, 오가와 이토의 《두둥실 천국 같은》 《완두콩의 비밀》 등을 우리말로 옮겼고 《우리는 올록볼록해》 《아무튼, 하루키》 《할 수 있는 일을 하고 있습니다》(공저) 《읽는 사이》(공저)를 썼다.

HERMANN
HESSE :
WORTE DES
LEBENS

헤르만 헤세
인생의 말

HERMANN
HESSE :
WORTE DES
LEBENS

헤르만 헤세 지음
시라토리 하루히코 엮음
이지수 옮김

더블북 Ⓓiscover

격렬한 반권위주의자
헤세

헤르만 헤세라는 작가의 이름은 너무나 잘 알려져 있다. 일본에서는 그를 스위스의 자연을 노래한 순수하고 목가적인 시를 쓴 인물로 아는 경우가 많다. 이 이미지는 아마도 헤세의 작품 가운데 고작 몇 편의 시와 수채화만 본 사람들이 퍼트린 말 때문에 생겼을 것이다.

더군다나 만년의 초상 사진 속 쇠약한 노인이 주

는 인상도 그런 이미지를 뒷받침하는 듯하다. 헤르만 헤세가 쓴 소설 가운데《수레바퀴 아래서》가 독보적으로 유명한 이유는 교과서 등에 그 작품의 일부가 실렸던 덕분이기도 할 것이다. 게다가 헤세의 초기 소설만 읽는 경향이 있다. 그래서 헤세를 새콤달콤한 청춘소설을 쓰는 작가로 여기는 사람도 적지 않다.

그러나 사실 헤르만 헤세는 목가적이지도, 감미롭지도, 온건하지도 않다. 그는 시인이기도 했고 세상을 피해 은둔한 적도 있지만 결코 무해하고 온순한 사람이 아니었다. 후기작인《데미안》,《황야의 이리》,《유리알 유희》등을 읽어보면 뚜렷하게 알 수 있듯이 그는 격렬한 반권위주의자였고, 타협을 허용하지 않는 뜨겁고 강한 정신과 스스로를 굽히지 않으며 현실을 살아내는 힘을 가진 사람이었다.

헤르만 헤세는 1877년 남독일의 작은 도시 칼프에서 태어났다. 이 무렵 영국은 화려한 빅토리아

시대였고, 러시아에서는 톨스토이가 소설 《안나 카레니나》의 집필을 끝냈다. 출혈성 백혈병을 앓았던 헤세는 여든다섯 살이 되던 해인 1962년, 스위스 남부 몬타뇰라에서 세상을 떠났다. 이해에는 이른바 쿠바 위기로 미국과 소련이 대치해 세계가 일촉즉발의 위기에 놓여 있었다.

어린 시절의 헤세에 대해 그의 어머니 마리는 편지에서 이렇게 썼다.

> 헤르만은 다방면에 재능이 있는 것 같아. 헤르만은 달과 구름을 관찰해. 긴 시간 동안 오르간으로 즉흥연주도 하고. 연필이나 펜으로 정말이지 놀라운 그림을 그려. 기분 내킬 때는 가수처럼 노래를 부르지. 또 시를 짓는 재능도 결코 뒤처지지 않아. (이데 아야오, 《헤세》, 시미즈쇼인, 2015)

이는 부모 눈에 씐 콩깍지가 아니다. 헤르만 헤세에게는 분명 많은 재능이 있었다. 그리고 훗날 그는 그 재능을 차근차근 꽃피웠다.

소년 시절에는 누구나 그러하듯 헤세는 감수성이 풍부하고 섬세했으나 교사들이 보기에는 성가신 학생이었다. 19세기 말의 학교 교사는 매우 권위주의적이었고, 학생에 대한 몰이해, 강제, 처벌 등은 당연시되었다.

이 책에도 그런 내용의 일부분을 수록했지만 그 당시 교사들은 재능이 싹트느라 건방져 보이는 학생, 정해진 틀에 집어넣기 어려운 학생을 혐오했다. 그것은 교사들의 부족한 통찰력과 좁은 도량, 그리고 소시민 근성에서 비롯된 일이기는 했다.

헤세는 열두 살 때 이미 "시인 말고는 아무것도 되고 싶지 않았"지만, 시만 써서는 생활해나갈 수 없다는 사실을 알고 있었다. 가장 적은 비용으로 학문을 배울 수 있는 곳은 신학교였고, 헤세는 그 수험 공부를 위해 라틴어 학교에 들어간 뒤 주(州) 시험에 합격해 마울브론 신학교에 입학했다.

나의 신앙심이 두터웠던 것은 열세 살 무렵까지였다. 견진성사를 받은 열네 살 때는 이미 매우 회의적이었고, 그로부터 얼마 뒤 나의 사고와 공상은 몹시 세속적으로 변했다. 또 부모님에 대한 사랑과 존경심이 컸음에도 불구하고 그분들이 경건주의적 신앙심을 품고 살아가는 모습에서 무언가 불충분한 것, 왠지 모르게 비굴한 것, 나아가 취향의 저급함마저 느껴 청년 시절 초반에는 종종 격렬하게 반항했다. (헤르만 헤세, 〈자서전 메모〉, 일본 헤르만 헤세 동호회·연구회 엮고 옮김, 《헤르만 헤세 에세이 전집》 1, 린센쇼텐, 2009. 이하 같음)

이 마울브론 신학교에서의 일을 훗날 묘사한 작품이 《수레바퀴 아래서》다. 헤세는 이곳의 수도원에서 달아나 밤에는 8도까지 떨어지는 추위를 견디며 야외에서 지냈다. 얼마 뒤 헤세는 퇴학을 당했고, 그 무렵 일곱 살 많은 여성과의 첫사랑이 실패한 뒤 자살을 기도했다. 이 일로 헤세는 심각한 신경증을 얻어 정신병원에 입원했다.

시간이 흐른 후 1915년에 낸 시집《고독자의 음악(Musik des Einsamen)》에 수록한 다음 시에는 호된 실연을 겪은 헤세의 마음이 훌륭하게 표현되어 있다.

아름다운 사람

장난감을 선물 받아
그걸 바라보고, 껴안고, 이내 망가트리고,
다음 날이면 이미 그걸 준 사람을
잊어버리는 아이처럼
당신은 내가 건넨 나의 마음을
예쁜 장난감처럼 작은 손 안에서 가지고 놀면서
괴로움에 경련하는 나의 마음을 눈여겨보지 않네

헤세는 이듬해 김나지움(상급학교)으로 옮기지만 불량 학생이나 상급생과 어울리기 시작하며 도를 넘은 음주와 유흥에 빠졌다. 이윽고 1년도 채 지나지 않아 학교를 나와서 서점 직원으로 일했는데, 이 무렵 괴테를 비롯한 국내외의 수많은 고전을 닥치는 대로 읽었다. 열일곱 살 때는 기계 공장에 들어갔으나 1년 만에 그만두고 다시 서점의 수습 직원이 되었다. 스무 살 전후부터는 괴테보다 니체를 열심히 읽기 시작했다.

이 무렵부터 헤세는 시와 산문을 본격적으로 쓰기 시작해 스물두 살 때 첫 시집을 냈다. 홀로 여행을 즐기며 서점 근무와 시 짓기를 병행하는 나날이 이어졌으며, 스물일곱 살 때 장편소설《페터 카멘친트》가 성공한 이후로는 작가 이외 다른 직업을 가지지 않았다.

헤세는 스물일곱 살에 첫 결혼을 해서 자식을 뒀고, 스물아홉 살 때《수레바퀴 아래서》를 발표했다. 그 1년 전 일본에서는 나쓰메 소세키가《나는 고양이로소이다》를 쓰고 있었다. 베스트셀러가 된《데미안》은 마흔 살에 쓴 작품이고, 쉰 살 때는 다채롭고 자유로운 필치가 인상적인《황야의 이리》를 출간했으며, 예순여섯 살에는 파격적인 최후의 장편소설《유리알 유희》를 발표했다. 노벨문학상을 수상한 것은 예순아홉 살 때였다.

헤르만 헤세의 작가 생활이 순풍에 돛 단 듯했다고는 말할 수 없다. 그는 수많은 난관을 기꺼이 받아들이면서도 자기 나름대로 끝까지 싸운 사람이었다.

1914년에 제1차 세계대전이 터진 뒤로는 독일인 포로를 위한 위문 신문이나 도서의 간행과 발송 등 번잡한 일을 떠맡았는데, 당시의 너무나도 극단적인 애국주의에 바탕을 둔 여론에 반대하는 의견을 발표하자마자 독일 전역의 신문과 매스컴으로부터 매국노로 매도당해 일이 뚝 끊겼다.

인세와 원고료로 살아가던 헤세는 이 때문에 생활에 물리적인 위협을 받았다. 그는 고뇌하면서도 버텼지만 막내아들이 중병에 걸리고 아내의 정신병이 악화되었다. 연이어 헤세 자신도 정신과 의사의 치료를 받을 정도로 상태가 나빠졌다. 헤세는 〈자서전 메모〉에서 이렇게 썼다.

이 시기 동안 모든 시민생활로부터, 여론으로부터, 조국으로부터, 가정생활로부터 결별할 준비를 해나갔다. 이제 곧 전쟁이 끝나려는 시기에 아내의 정신병이 결혼생활을 세차게 흔들었고, 그래서 그 생활을 끝냈다.

헤세는 정신분석을 받았고, 그 성과로 단기간에 《데미안》을 썼지만 익명으로 발표해야 했다. 〈자서전 메모〉에는 이렇게도 쓰여 있다.

시민적이고 목가적인 성공한 문학가는 문제를 껴안은 아웃사이더가 되었다.

헤세는 마흔여섯 살에 스위스 국적을 취득했고,

그 이듬해에는 스무 살이나 어린 여성과 결혼했다. 헤세의 명성에만 관심을 가졌던 이 여성과의 결혼생활은 잘 풀리지 않았고, 결국 3년 뒤에 이혼했다. 세 번째로 결혼한 것은 쉰네 살 때였다.

이 무렵 독일에 나치스가 등장했고, 1934년에는 히틀러 수상이 총통을 겸임했다. 헤세가 예순두 살 때 나치스 정권은 그의 작품을 불온하다고 여겨 출판에 사용할 종이 배급을 중지시켰다. 이로 인해 헤세는 독일이 아닌 스위스에서 작품을 출판하게 되었다.

당시 헤세의 수첩과 일기를 읽어보면 그가 얼마나 검소하게 생활했는지 잘 알 수 있다. 그럼에도 헤세는 여전히 자신의 뜻을 굽히거나 권력에 아부하지 않았다. 헤세를 그토록 강하게 만든 것은 인도 바라문교 사상의 근본 성전인 베다와 부처, 예수 그리스도, 괴테, 쇼펜하우어, 그리고 니체를 통해 양성한 그 나름의 사상과 확신이었다.

헤세의 니체 사랑은 소설《데미안》에도 다음과 같

이 표현되어 있다.

책상 위에는 니체의 책 몇 권이 놓여 있었다. 니체와 더불어 살며 나는 그의 고독한 영혼을 느꼈고, 그를 끝도 없이 몰아세운 운명을 탐지하며 그와 함께 고뇌했다. 그리고 이다지도 완고하게 자신의 길을 걸어간 사람이 이미 존재했다는 사실에 기뻐했다.

또 헤세는 니체를 따라 《차라투스트라의 귀환》이라는 정치평론집도 발표했다. 이 책에는 젊은이들을 격려하는 문장이 실려 있다.

헤세의 내면에서 자라난 사상을 이 짧은 글로 알기 쉽게 설명하기란 어려운 일이다. 그러므로 그 요점을 충분치는 못하더라도 다음과 같이 정리해 두는 수밖에 없다.

사람은 운명을 받아들일 수밖에 없다. 그러나 그 운명이란 자신의 성격과 재능, 그리고 삶을 살아가는 방식이 만들어내는 것이다. 그런 점에서 사람은 누구나 자기 자신으로 살아가는 수밖에 없다. 자기 자신으로 살아가는 것이야말로 귀중한 일이며, 이 세상에서 생명을 얻은 의미는 거기에 있다.

운명을 거부하며 살 수도 있다. 이른바 소시민은 그렇게 살아간다. 이는 미온적이며 안전한 삶이기는 해도, 그러면 선(善)도 성(聖)도 이해하지 못하는 상태에 빠지고 만다. 물론 예술 작품의 가치도 가격이나 명성으로만 파악하게 된다.

이러한 사상으로도 알 수 있듯이, 헤르만 헤세는 지금 시대에도 여전히 우리를 세차게 도발하는 인물이다.

시라토리 하루히코

✤ 이 책은 2015년 7월에 간행된 『초역 헤세의 말』에서 196개의 말을 엄선해 문고 에센셜판으로 재편집한 것입니다.

차례

1
너만의 길을 걸어라

2
고뇌도 슬픔도 기뻐해라

3
마음 가는 대로 살자

4
사람은 기쁨 없이는 살아갈 수 없다

5

이 세상에 더 많은 사랑을

6
마음을 열고 생각을 멈춰봐라

7
언제 어디서나 행복해질 수 있다

역자 후기

1

너만의 길을
걸어라

001
너만의 길을
걸어라

대체 어디를 걷고 있는가. 그건 다른 사람의 길이
아닌가. 그러니까 어쩐지 걷기 힘들겠지. 너는 너
의 길을 걸어라.
그러면 멀리까지 갈 수 있다.

《데미안》

002
진짜 인생을 살려면
스스로를 인정하라

자신이 인생에서 이룬 일, 쌓아 올린 일, 행한 일에 대해 다른 훌륭한 사람에게 인정받으려는 마음을 버리게나. 또 세상의 기준에 맞춰 점수를 매기는 것도 그만두고.

자신이 행한 일은 자기만의 척도로 재어야 한다네. 항상 그렇게 하면 남을 흉내 낸 것이 아닌 자신의 진짜 인생을 살아갈 수 있지.

1949년의 편지

003
지금의 자신이
진짜 자신이다

너는 불안하니?

불안하다면, 그건 지금의 자신을 진짜 자신으로
인정하지 않는다는 증거야.

언제나 진짜 자신으로 있으면 불안 따윈 싹트지도
않겠지. 그러니 진짜 자신과 지금의 자신이 일치
하도록 살아가면 돼.

《데미안》

004
다른 사람이 되려고
하지 마라

지금의 자신과는 전혀 다른 사람이 되기를 바라고, 또 실제로 그렇게 되려고 발버둥 치면서 갖가지 실수와 낙담을 거듭하는 건 당신뿐만이 아닙니다. 하지만 누군가를 닮으려고 하는 당신은 지금의 자신을 부정하는 겁니다. 그래서 그렇게 괴로워하는 것 아닙니까. 당신에게 어울리는 것을 추구하세요. 당신이 진심으로 바라는 것을 깨닫고, 당신의 그 마음과 몸을 이용해 그걸 실현하도록 노력하세요. 그리고 자신에게로 향하는 길을 걸으세요.

1949년의 편지

005
진짜 자기 자신이
되기 위해 1

독자적인 개성을 가진 사람이 되기를 원한다면,
다시 말해 진짜 자기 자신이 되고 싶다면 절대로
물들어서는 안 되는 것이 세 가지 있습니다. 첫 번
째로 세상의 인습입니다. 이것에 물들면 당신은
어디에나 있는 단순한 대중이 되고 맙니다. 두 번
째는 소시민 근성입니다. 법만 어기지 않으면 대
부분의 행동이 용서된다고 생각하거나, 자기 입맛
대로 공평과 평등을 호소한다면 제 이익만 챙기는
교활한 인간이 될 뿐입니다. 마지막은 어떤 의미로
든 게으름을 피우는 것입니다.

1923년의 편지

006
진짜 자기 자신이
되기 위해 2

당신이 진짜 자기 자신이 되려면 해야 하는 일과 해서는 안 되는 일이 있습니다. 먼저 당신의 개성에서 가장 좋은 부분과 가장 강한 부분을 단호하게 인정하는 것입니다. 결코 이를 부정하거나 깎아내려서는 안 됩니다. 그리고 무슨 일이 있어도 도망가지 않는 것입니다. 닥쳐오는 현실을 어떻게든 회피하려 하는 행동은 금물입니다. 평소 지나친 걱정도 그만하세요. 이 일들을 반복해 당신의 본성처럼 만들면 당신은 진짜 자신을 여유롭게 만들어나갈 수 있습니다.

1953년의 편지

007
자기 성장의
큰 적

자아를 각성시킬 필요가 있습니다.

여기서 자아란 일반적으로 말하는 에고가 아닙니다. 진정한 자신으로 향하는 탈피, 이 몸과 마음을 가진 자신이 유일무이한 개성을 획득해나가는 것이 자아의 각성입니다.

한데 이 자기 성장을 넌지시 가로막아 결국 개성 없는 흔한 사람으로 만들어버리는 힘을 가진 큰 적이 근처에 생글거리며 숨어 있습니다. 바로 전통과 관습, 게으름, 박쥐 같은 소시민 근성입니다.

1923년의 편지

008
자신의 운명을
고스란히 사랑해라

자기 자신을 사랑하라는 것은 스스로에게 지나치게 관대해지라는 뜻이 아니다. 자신을 사랑한다는 것은 스스로를 있는 그대로 고스란히 사랑하는 일이며, 당연히도 그건 자신의 운명까지 사랑하는 일이다. 운명이 우리에게 가져다주는 것까지 사랑해야 한다. 설령 지금은 그것의 의미를 알 수 없다 해도, 아무리 애를 써도 이해하지 못한다 해도, 거부하지도 멀리하지도 뒷전으로 돌리지도 말고 기꺼이 기쁘게 받아들이며 미소를 띠고 사랑하라.

〈사랑의 길〉

009
그 누구도
따르지 마라

젊은이가 어떻게 살아가면 좋을지 진지하게 묻는다면, 나는 이렇게 대답할 것이다.

세상 사람들의 낯빛을 살피지 마라. 정치가의 말에 귀를 기울이지 마라.

이름 말고 직함을 대며 대단한 인물인 척하는 어른에게서 영향을 받지 마라. 유명인이나 백만장자가 되는 것을 목표로 무언가를 가르치려는 자를 무시해라. 정의를 내세우는 집단이나 단체에 휘말리지 마라. 자기네처럼 살면 반드시 구원받는다고 말하는 종교에 속지 마라. 돈 때문에 비굴하게 움직이지 마라.

그 누구도 따르지 마라. 하지만 자기 안에서 흘러

나오는 목소리는 따라라. 그 목소리가 무슨 이야기를 하는지 잘 알고 있다면 그대로 자신의 길을 걸어가면 된다.

그 목소리가 들리지 않는다면 그것은 그대가 자신의 길을 걷고 있지 않다는 증거다.

《차라투스트라의 귀환》

010
세상을 바꾸려면
자신부터 바꿔라

세상을 바꾸고 싶다는 마음은 잘 알겠네. 변혁이 일어나기를 바라는 뜨거운 소망도 이해하네. 하지만 진정으로 세상을 바꾸겠다는 강한 의지로 사람들에게 호소하거나, 데모 행진을 하거나, 또는 집단행동과 반대행동을 한다면 그 길 끝에 기다리는 건 폭력과 전쟁일세.

자네의 눈에 비친 세상을 바꾸고 싶다면 자네 자신을 바꿔야 한다네.

자신의 손익을 몰래 따져보고 무언가를 결정하거나, 자기도 모르게 조급해져서 화를 내거나, 다른 사람을 도구처럼 이용하는 짓은 그만둬야 하네. 또 자기가 손해를 보는 일에 발끈하는 성격도 고

쳐야지.

그런 식으로 자신을 바꿔나가는 게 폭력 없이 세상을 바꾸는 방법일세.

1934년의 편지

011
자신의 운명을
등지지 마라

자신의 내면과 성향에 꼭 맞는 운명을 살고 있다
면, 그 운명을 등져서는 안 된다.

《데미안》

012
자기 안의 황야를
끝까지 건너라

자기 안에 펼쳐져 있는 황야를 자세히 살펴보는
편이 좋다.

거기에 있는 건 세상의 온갖 전쟁, 타인을 모조리
죽이려는 욕구, 한없는 경조부박(輕佻浮薄), 짐승
같은 난폭함, 끝도 없이 향락을 탐닉하려는 욕망,
그리고 천박함과 두려움이다…….

누구나 그 황야의 길을 홀로 건너야 한다. 그것도
끝까지 건너야만 한다.

〈짧은 약력〉

013
매미 소리에 젖어
자신을 잊다

여름 소리. 늦은 밤까지 끊임없이 울리는 매미 소
리. 그건 파도 소리를 닮았다. 그 소리에 젖어 있으
면 나 자신의 존재를 완전히 잊어버린다.

〈대리석재 공장〉

014
타인에게는 관용을,
자신에게는 불관용을

타인을 관용 없이 대해서는 안 되네.

하지만 자신에게는 관용이 없어야 하지.

1919년의 편지

015
가장 큰 적을
사랑해라

당신의 가장 큰 적은 누구일까요?

그는 당신과 반대되는 행동을 하지만 그 용감함과 대담함, 그리고 행동거지가 그야말로 당신과 똑같습니다. 그런 당신의 적을 사랑하십시오. 높게 평가하십시오.

1932년의 편지

016
어제보다 나은
자신을 목표로

우리의 이 손안에 있는 희망 하나란 무엇인가. 바
로 오늘 자신을 조금이라도 바꾸는 것일세. 어제
보다 더 나은 모습으로 바꿔나가는 거지.
이를 실제로 실천하는 사람들에게야말로 세상의
행복이 달려 있다네.

1950년의 편지

017
집단의 이상과 자신의 양심을
맞바꾸지 마라

부디 당신의 양심을 집단이나 조직의 가치관 혹은
이상과 맞바꾸지 마십시오.

대단한 직함을 가지고 잘난 척하며 대중을 선동하
는 사람이 제아무리 멋진 단어를 사용하여 감동적
인 연설을 한다 해도 말입니다.

그런 것과 당신의 양심을 맞바꾸면 즉시 전체주의
로 향하는 길이 간단히 열리며, 그 끝에는 피투성
이 전쟁이 기다리고 있기 때문입니다.

1951년의 편지

018
자기 자신이 되는 것이
참된 쾌감이다

어째서 그대는 취하려고 하는가. 어째서 그대는 오늘 밤 또다시 여흥을 찾아 헤매는가. 이유는 분명하다. 그대가 그대 자신과 한 몸이 되기를 소망하기 때문이다. 그 쾌감이 필요한 것이다. 그렇다면 술이니 음악이니 춤에 열중하는 건 아무 소용이 없다. 그런 건 그대를 순간적으로만 취하게 만들 뿐이다. 그게 아니라 그대만이 할 수 있는 일, 자신이 이런 사람이라고 분명하게 말할 수 있는 일을 해라. 그러면 그대는 언제나 자기 자신으로 지낼 수 있다.

《클라인과 바그너》

019
자신의 가치관을
믿어라

자신의 직감과 감정을 소중히 여기십시오. 또한
자신의 이성도 믿으십시오. 우애도 물론 중요하
고, 예술을 보는 자신의 눈과 자신이 품고 있는 이
상도 귀하게 여겨야 합니다.

부디 세상의 가치관에 현혹되지 마십시오. 다른
많은 사람들의 생각과 다르다고 해서 불안해할 필
요는 없습니다. 당신은 당신의 길을 홀로 가야 합
니다.

게다가 세상은 늘 흔들흔들 요동치기만 합니다.
세상 사람들은 그런 식으로 금세 방향을 바꿔대는
풍향계 같은 존재지요.

그런 것에는 신경 쓰지 말고 당신의 심미안, 당신

의 가치관, 당신의 사랑으로 당신의 독자적인 세
상을 넓혀나가십시오.

1959년의 편지

020
세상의 목소리에
신경 쓰지 마라

자신의 특징과 재능을 마음껏 활용하며 살아가고 싶다면, 자기 내면에서 저절로 흘러나오는 목소리를 따라야 해. 세상의 목소리에는 조금도 신경 쓰지 않아도 돼. 부모님의 의견도, 선생님의 지도도 필요 없어. 타조가 박쥐 흉내를 내면서 날아다니려고 하지 않듯이, 다른 사람과 비교하거나 경쟁할 필요도 전혀 없지.

물론 주위의 질투 많은 사람들은 독자적인 길을 가는 너를 보고 이러쿵저러쿵 떠들 테지만, 그런 것에는 조금도 신경 쓰지 마.

《데미안》

021
참된 자신의 모습을
보기 위해

대부분의 사람들은 매일 바쁘게 뛰어다닙니다. 그
용무는 대체로 어떤 사람 혹은 어떤 조직의 명령
에 복종하거나 의무를 다하고, 새롭게 설정된 의
도에 따르기 위해서지요. 요컨대 하나의 도구로
움직이고 있을 뿐이에요.

그런 사람이 가령 자유롭게 춤을 출 때면 매일매
일의 용무와 사회적 의무, 그리고 속박으로부터
완전히 해방됩니다. 그러면 원래의 그 사람이 드
디어 바깥으로 나타납니다. 그것이 도구가 아닌
참된 자신의 모습입니다.

《클라인과 바그너》

022
자기 안에 있는
신비로운 힘

자기 안에 있는 신비로운 힘, 즉 이 세상을 살아가기를 스스로에게 명령하고 독자적인 성장을 재촉하는 힘의 동향을 여실히 느끼는 사람은 세상에 널리 퍼진 가치관, 즉 돈이나 권력만이 중요하다는 가치관에 결코 현혹되지 않습니다. 그런 건 자기 안의 힘에 비하면 물컹물컹해서 믿음직하지 못한 것으로밖에 느껴지지 않기 때문입니다.

〈마음 가는 대로〉

023
당신에게는 독창적으로
살아갈 힘이 있다

비범한 인생, 독창적인 인생이 당신 안에서 태어났다면, 조만간 당신은 그리로 향하는 길을 발견할 수 있을 테지요. 왜냐하면 당신에게는 그럴 힘이 있기 때문입니다. 하지만 그 힘은 당신의 체력이나 의지와는 다릅니다.

그것은 그야말로 내면에서 솟아 나오는 신비로운 에너지와 같습니다.

1930년의 편지

024
마음속에
피난처를 가져라

자신의 마음 깊은 곳에 아무도 발을 들여놓을 수
없는 고요한 산장 같은 장소를 준비해둬라.

곤란한 일이 생겼을 때, 어떤 결단을 내려야 할 때,
자신의 길을 확인해야 할 때, 그곳으로 돌아가 참
된 자신의 마음과 천천히 대화를 나눠라.

그곳은 너만의 신비로운 피난처이며, 네가 다시
새롭게 태어날 소중한 장소다.

《싯다르타》

025
세상이 어떻게 움직이든
언제나 자기 자신으로 살아라

두꺼운 줄기를 가진 나무처럼 살아라. 혹은 저 의연
한 산처럼 살아라. 또는 고고한 야수처럼 살아라.
때로는 높은 곳에서 빛나는 별처럼 살아라.
세상이 어떻게 움직이든, 늘 자기 자신으로 사는
사람이 되어라.

《클라인과 바그너》

026
세상을
여전히 사랑하고 있다

나도 마찬가지다. 너처럼 수없이 도끼로 베였다.
세상 사람들에게 비난받아 고뇌했다.
그럼에도 참나무여, 너처럼 포기하지 않고 새 잎
을 틔웠다. 이렇게 괴로워하면서도 이 세상을 여
전히 사랑하고 있기 때문이다.

시 〈베인 참나무〉

027
구원은
자신에게서 찾아라

구원을 다른 사람에게서 찾아서 어쩔 셈인가. 자신의 앞날을 남에게 맡겨서 어쩔 셈인가. 자신을 구할 수 있는 건 다름 아닌 자기 자신이지 않은가. 자신을 치유하는 것도, 돕는 것도, 이 궁지에서 벗어날 힘을 가진 것도 자기 자신이다. 자신의 영혼을 움직이는 건 자기 자신이다.

먼저 그렇게 해라. 스스로를 속이기 위해 세상의 형세나 남들과의 관계에 얽매여 있을 여유 따위는 없을 터다.

〈영혼에 대해〉

028
자신을
제대로 사랑해라

나 같은 건 아무래도 좋다고 생각해서는 안 된다.

스스로를 업신여겨서는 안 된다.

그러지 말고 자신을 제대로 사랑해라. 자신을 사랑하면 자기 내면의 모든 것이 딱 알맞게 조화를 이룬다.

그렇게 영혼이 정돈되었을 때 다른 사람도 사랑할 수 있게 되고, 불행이 사라져 행복이 구석구석 스며들기도 한다.

〈마르틴의 일기에서〉

029
고독은
외로운 것이 아니다

고독해져라. 거리의 화려함에서 벗어나 혼자가 되어라. 웃음소리와 흥청거림, 달콤한 유혹에서 멀리 떨어져 그대 자신이 되어라. 부모로부터도 멀리 떨어져라. 지금은 이해가 안 갈 수도 있지만 말해두겠다. 고독은 외로운 것이 아니다. 그대가 진실로 고독해졌을 때, 그대는 자기 운명의 빛나는 얼굴을 처음으로 보게 될 것이기 때문이다. 다시 말해 그제야 그대는 자신만이 할 수 있는 일을 발견할 것이다. 그때 그대는 스스로를 알게 된다. 그것이야말로 참다운 어른이 되는 일이다.

〈고독에 대해〉

030
긍정의 힘으로
당신만의 길을 개척하라

무엇이든 긍정해보십시오. 모든 것에 대해 이걸로 좋다고 확신해보십시오.

그럴 때 자기 자신까지 긍정하는 것이 중요합니다. 당신은 자신감이 없고 본인이 어딘가 이상하다고 의심하지만, 그 색다른 면이 자신의 본래 모습이라고 긍정하면 됩니다.

이렇게 긍정하지 않고 성실해 보이는 다른 세상 사람들 틈에 뒤섞여 그들을 흉내 내려고 해봤자 오래가지 못합니다. 오히려 더욱 불안해지고 초조해질 뿐입니다.

역시 당신은 스스로 개척한 길을 가야 합니다. 물론 그 경우에도 고생과 열의와 고독이 따라다닐

겹니다. 하지만 그건 당신만의 길입니다. 당신이
살아갈 길입니다.

1932년의 편지

2

고뇌도 슬픔도
기뻐해라

031
고뇌도 슬픔도
기뻐해라

고뇌하고 있군. 슬픈 일이 많군. 가슴이 자주 아프기도 하겠지.

하지만 기뻐하세. 기쁨은 누군가가 어딘가에서 갑자기 경사스러운 일을 가지고 올 때 샘솟는 감정이 아닐세.

기쁨은 지금의 자신을 부정하지 않고, 지금의 자신을 꾸밈없이 순순히 인정하는 데서 생겨나는 감정이라네. 그러니 고뇌해도, 슬퍼해도, 그것에 자신이 동의한다면 기쁨은 저절로 솟아날 걸세.

1922년의 편지

032
마음의 평온은
매일 쟁취해라

자신의 일이나 생활이 앞으로 영원히 편안해지는 건 있을 수 없다.

마음의 평온도 마찬가지다. 자신의 마음이 이제부터 쭉 편안해지는 경우는 없다. 마음 하나를 평온하게 만드는 것도 일일이 싸워서 얻어내야 한다. 심지어 그 싸움은 매일 이어진다.

《나르치스와 골드문트》

033
당신의 고뇌는 당신의 인생에
귀한 가치를 부여한다

누구에게나 각자의 문제가 있습니다. 당신도 문제
를 껴안고 고민하며 어떻게든 시원스레 해결하고
싶겠지요.

혹은 그런 문제를 품고 있는 스스로가 미운지요?
아니면 내가 이 중요한 시기에 이런 문제에 직면
한 것은 말도 안 돼, 이건 나한테 어울리지 않는
일이야, 하고 생각하는지요.

하지만 그 고뇌는 당신 자신이 체험하기 위해 존
재합니다. 그 문제로 고민하는 것이 당신의 인생
이며, 그 고뇌를 체험하는 것이 당신의 인생에 귀
한 가치와 섬광을 부여합니다.

그러니 도망가려고 하지 마십시오. 도망가면 인생

은 공허해지고, 당신이 살아갈 보람이 없는 것으
로 변하고 맙니다.

1924년의 편지

034
고통을 응시하는
강한 마음을 가져라

차라리 마음 따위 없는 편이 낫겠다 싶을 만큼 네가 괴로운 건 잘 알겠어. 하지만 마음을 없애는 건 이룰 수 없는 바람이야.

그 대신 아주 좋은 방법이 있어. 고통에 그만 눈감아버리는 그 나약한 마음을, 어떤 고통이라도 똑바로 응시할 수 있는 단단한 마음으로 바꾸게.

《게르트루트》

035
마음에 없는 현실은
보이지 않는다

지금 이 눈에 보이는 것, 지금의 이 현실, 이는 자신이 마음속에 지니고 있는 것과 똑같다.
이미 마음속에 없는 현실이란 존재할 수 없다.

《데미안》

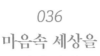

036
마음속 세상을
해방해라

자신의 생각과 바깥세상은 완전히 다르다고 여기
겠지. 하지만 그렇지 않아. 바깥세상이 자기 생각
과 다르게 보이는 건, 네 마음속 세상을 네가 계속
닫아두고 있기 때문이야.

네 마음속 세상을 네가 해방해주기만 하면, 너의
마음속 세상과 현실 세계가 똑같다는 걸 알게 될
거야.

《데미안》

037
가치 판단은
망상이다

대부분의 사람들은 선과 악, 가치와 무가치가 실재한다고 생각한다. 그뿐만이 아니다. 그들은 욕망과 도피도 현실에 존재한다고 여긴다.

그들은 그러한 것이 자신의 마음속에만 존재한다는 사실을, 스스로 만들어낸 망상이라는 사실을 여태 깨닫지 못하고 일희일비하거나 두려움에 떠는 나날을 보내고 있다.

《클라인과 바그너》

038
슬픔은
집착에서 생겨난다

당신의 그 슬픔은, 혹시 이미 지나간 일에서 발생
한 손실에 아직도 끈질기게 집착하기 때문에 생긴
게 아닙니까?

1916년의 편지

039
슬픔이
사람을 성장시킨다

가슴에 약간의 슬픔을 품고 있는 자여.

시를 읽어라. 격언을 읽어라. 아름다운 음악을 듣고 지금을 잊게 만드는 풍경을 멀리서 바라보아라. 과거의 근사했던 순간을 떠올려라.

머지않아 밝아질 시각이 온다. 인생은 좋은 것이라는 생각이 든다. 장래로 향하는 것이 기뻐진다. 그대가 참된 자신으로, 마음에 그린 큰 인물로 변신할 때가 온다.

〈내면의 부〉

040
자신이 가장 괴롭다고
느끼는 건 이기적인 일이다

대체로 사람들은 자신이 받은 고통이야말로 가장 심한 고통이라고 느낀다. 약간의 오해나 순서의 혼란이 있었을 뿐인데도 세상으로부터 거부당했다는 생각에 울적해한다.

자신에게 닥친 액운이나 병, 사고가 세상에서 가장 가혹하다고 느끼는 이유는 본인을 중심으로 만사를 생각해 가치를 매기기 때문이다. 그래서 남의 불행을 "그까짓 일로 요란은……" 하며 경시하고, 실제로도 그렇게 느낀다.

《황야의 이리》

041
불안이
행동력을 부여한다

사람은 불안을 품고 있다. 불안하기 때문에 일을
하고, 남들에게 마음을 쓰고, 누군가를 사랑하려
고 한다.
불안이 우리에게 행동할 힘을 준다.

《클링조어의 마지막 여름》

042
기분을 밝게
만들어주는 약

아무리 애를 써도 낫지 않는 우울에 잘 듣는 약이
있다. 그 약은 바로 이것이다.

노래하는 것. 신 혹은 거대한 존재가 이 세상에 숨
어 있다고 믿는 것. 와인을 조금 마시고 음악을 듣
는 것. 기쁨의 시를 짓는 것. 걸어서 멀리까지 나가
보는 것.

〈흐린 하늘〉

043
감정을 토해내고
있을 뿐

너는 아까부터 여러 가지 이야기를 하는구나.

그리고 스스로는 자신의 말이 개인적인 생각이나

유효한 제안, 혹은 해결책이나 하나의 사상이라고

계속 믿겠지.

하지만 말이야, 너는 아까부터 쭉 자신의 감정을

토로하고 있을 뿐이야. 온갖 단어를 써서 지금의

감정과 기분을 토해내고 있을 뿐이지.

《나르치스와 골드문트》

044
욕망을 멈추면
바라던 것이 보인다

그렇게 격렬하게 원하면 원할수록 너는 그걸 찾지 못할 거야. 만약 운명의 장난으로 우연히 그것을 접한다 해도, 완전히 다른 것으로 착각하고 금세 놓아버리겠지. 바라는 것을 쉽게 찾아내는 이는 격렬하게 욕망하는 사람이 아니야. 전혀 격렬하지 않게, 부드러운 미소를 띠며, 누구에게나 무엇에나 자신을 열어놓는 사람이지. 또한 '이게 아니면 안 된다' 하는 식의 조건 따위 없이 자유롭게 살아가고, 그 무엇에 대해서든 손톱만큼의 고집도 가지지 않는 사람이야.

《싯다르타》

045
바람은 반드시
현실이 된다

스스로 소망해놓고 얼마 지나지도 않아서 불안해
하면 안 됩니다.

일단 소망한 이상 그 바람을 이루고 싶겠지요. 그
렇다면 확신을 가지세요. 자신이 바라는 것은 반
드시 손에 넣을 수 있다는, 오만불손할 정도로 강
한 확신을.

그러면 그 바람은 머지않아 당신의 현실이 될 테
니까요.

《데미안》

046
성격이나 개성은
자신을 가두는 감옥이다

당신은 자신의 그것을 뭐라고 부릅니까? 성격? 인
격? 캐릭터? 개성? 아니면 자기다움?
어느 쪽이든 간에 그것은 당신이 족쇄를 차고 수
감되어 있는 감옥입니다.

《황야의 이리》

047
시간이라는 관념은 버리고
지금 해야 하는 일에 집중해라

진실로 자유로워지고 싶다면 여태 의지해온 마법
의 지팡이를 버려라. 다시 말해 시간이라는 관념
을 깨끗이 버려라.

그건 이미 지나간 일이야. 아직 내일이 안 됐잖아.
벌써 이렇게 시간을 낭비해버렸어. 이 나이에 뭘
또. 이런 생각들을 낳는 시간을 가장 먼저 버려야
한다. 그리고 오로지 자신이 지금 해야 하는 일에
만 집중해라.

《클라인과 바그너》

048
너 자신의 눈으로
대답을 봐라

아아, 나도 안다네. 자네의 마음은 충분히 알아. 자네는 질문을 잔뜩 하는군. 자네는 수많은 의문과 의심, 불안, 무력감을 품고 있군.

그리고 내가 자네의 질문과 의심에 대해 명확하게 대답해주리라 기대하고 있지. 하지만 유감스럽게도 그게 잘못이라네. 젊은이들이 곧잘 저지르는 실수지. 왜냐하면 자네 자신의 눈으로 봐야만 보이는 대답이 자네를 위한 대답이거든. 그러니 내 눈으로 본 대답을 나의 말로 전한들 자네한테는 손톱만큼도 이해가 안 될 걸세.

그러므로 나는 이렇게 대답할 거라네. 자네 자신의 눈으로 대답을 보라고. 그 방법은 이것일세. 온

힘을 다해 사랑하게. 스스로를 바치게. 그렇게 했을 때 자네 눈에 보이는 게 있을 걸세. 그것이야말로 자네가 내내 바랐던 대답이라네.

1954년의 편지

049
논리가 아닌 모순이야말로
생명을 빛나게 한다

처음부터 끝까지 논리적으로 생각하려 드는 분별 있는 머리는, 어딘가에 모순 같은 게 존재하는 것을 몹시 꺼린다. 만약 조금이라도 모순이나 분열을 발견하면, 그 전체가 파탄 났다고 여길 정도로 오만하다.

그러나 현실은 어떠한가. 이 세상을 살아가는 모든 존재는 모순과 분열을 잔뜩 품고 있으면서도 눈부시게 빛나지 않는가. 왜냐하면 모순과 분열이야말로 생명이 있는 모든 존재를 다채롭고 풍성하게 만들기 때문이다.

이성과 지성이 중요하다 한들, 아찔한 도취를 모른다면 뭐가 이성이고 뭐가 지성인지조차 알 수

없지 않겠는가. 상반되는 것 모두가 거기에 존재
함으로써 만물이 풍성하게 살게 된다.

《나르치스와 골드문트》

050
뛰어난 사람은 젊어질 수도,
늙을 수도 있다

젊었다느니 늙었다느니, 그런 감각과 사고방식은 엇비슷한 나날을 지루하게 살아가는 흔해빠진 사람들의 전유물일세.

적잖이 재치 있고 세련된 사람은 그때그때에 맞춰 젊어지거나 늙는 법이지. 마치 경우에 따라 기쁨이나 슬픔이 솟아나는 것처럼.

1930년의 편지

051
음악은
도덕적이지 않다

나는 음악을 무척 좋아해. 왜냐고?

온갖 것들 가운데 음악만이 도덕적이지 않기 때문

이야.

《데미안》

052
음악은
사랑의 손이다

모든 예술 가운데 음악이 가장 다정하다.

음악을 듣는 데는 자기 자신도, 계급도, 지성도, 교양도 필요 없다. 음악은 우리의 영혼에 직접 울려 퍼진다.

나한테는 모차르트의 소나타나 미사곡 한 소절의 기억이 사랑의 손길이다. 아픈 마음의 상처를 가만히 쓰다듬는 사랑의 손……. 음악 없는 인생은 생각도 할 수 없다.

〈음악〉

053
내가 따르는 것은
나 개인의 도덕뿐이다

저는 소위 도덕이나 규범은 따르지 않는 편입니다. 조금 더 쉽게 말하자면, 이 정치체제와 사회체제를 유지하기 위해 만들어진 시민사회의 도덕과 규범, 규정을 저는 결코 유유낙낙하게 따르지 않습니다. 그런 저에게도 순순히 따르는 것이 있습니다. 바로 저의 내면에서 솟아나는 도덕, 저 개인의 내면의 목소리라는 윤리와 도덕입니다. 이 내면의 목소리는 시민 도덕이나 규범과는 달리 제인생의 하루하루에 각각 소중한 의미를 부여해주기 때문입니다.

1921년의 편지

054
상식으로는
성인을 이해할 수 없다

겁쟁이들은 상식의 세계에서 편안하게 살아간다. 상식을 스웨터처럼 몸에 걸치고 그것이야말로 시민의 진리라고 생각한다. 그들은 민주주의를 최고로 치며 상식적 교양을 기르는 일에 힘쓴다.

그런 그들은 부처를 이해할 수 없다. 그들의 눈에 비친 성인(聖人)은 광인일 뿐이다.

《황야의 이리》

055
진리는 거꾸로
뒤집어도 진리다

만약 어떤 진리가 옳다면, 그것을 거꾸로 뒤집은
반대의 말도 올바른 진리여야 한다.
만약 어떤 그림 한 장이 예술이라면, 캔버스를 거
꾸로 벽에 걸고 바라보아도 구도나 색채가 훌륭하
게 조화를 이루는 것처럼.

〈무의미의 의미〉

056
"싫어"는
악담이 아니다

"너 따위 정말 싫어."

이것은 악담이 아니다.

"너 같은 건 죽어버려."

이 또한 악담이 아니다.

반면 아무리 지적인 비판으로 들린다 해도, 아무리 논리 정연한 말이라 해도, 모든 비판은 결국 질 나쁜 악담일 뿐이다. 다시 말해 비판은 그 대상에 멋대로 꼬리표를 붙여서 처분해버리는 행위다.

하지만 싫다고 느끼거나 말하는 것은 비판이 아니다. 왜냐하면 싫은 이유나 느낌이 자기 자신에게 있기 때문이다. 이는 상대에게 책임을 지우지 않는다.

한편 비판은 그게 무엇이든 상대에게 잘못이 있다고 보기에 악담이나 매도와 똑같다.

〈사고(思考)〉

057
사랑은
논리적으로 할 수 없다

이성이니 논리니 의지니 하는 것들은 실제로는 별 반 쓸모가 없다네. 잠시 스스로를 돌아보면 알 수 있지 않은가. 일테면 우리가 누군가를, 또는 무언 가를 사랑하는 것이 이성이나 논리나 의지를 작동 시킨 결과는 아니니까.

머리로 생각해서 논리적으로 사랑한다는 건 애초 에 억지스러운 일이지 않은가. 우리는 보다 본능 적인 것, 즉 이 몸에 깃든 영혼의 힘으로 이곳에 살아 있다네.

1932년의 편지

058
진리는 아는 것이 아니라
체험하는 것

진리란 무엇인가, 신이란 어떤 이인가, 젊은이들은 그런 것을 알고 싶어 한다. 그래서 책을 읽거나 연구를 한다.

하지만 아무도 그것을 가르쳐줄 수 없고, 설명할 수도 없다. 진리든 신이든 각자 자신의 몸으로 겪어야 하기 때문이다.

《유리알 유희》

3

마음 가는 대로
살자

059
마음 가는 대로 살자

마음 가는 대로라도 좋다.

자신이 진심으로 좋아하는 일을 해라. 하고 싶은
일을 해라. 결코 누구에게도 복종하지 말고. 세상
에 휘둘리지 말고.

마음 가는 대로 살아라. 그것이 그대 자신의 운명
을 살아가는 일이니까. 그리고 그런 식으로 끝까
지 살아봐라.

〈마음 가는 대로〉

060
모든 책임을 지고
마음 가는 대로

나는 단 하나의 덕(德)만 사랑하고 존중한다. 그 덕이란 마음 가는 대로 하는 것이다.

대부분의 덕은 낯선 타인이 정해주는 규칙이다. 그 규칙에 복종하면 덕이 있다고 칭찬받는다.

그러나 나는 마음 가는 대로의 덕만 중시한다. 이는 내가 나 자신에게 부여한 덕이다. 그리고 이 마음에 자진해서 복종한다.

모든 책임을 지고, 스스로의 인생을 걸고. 나는 그런 식으로 살아왔고, 앞으로도 그렇게 살아갈 것이다.

〈마음 가는 대로〉

061
마음 가는 대로,
또한 겸허하게

언제나 당신 자신이 고스란히 드러나도록, 마음
가는 대로 행동하십시오. 즐겁습니다. 유쾌합니다.
누구에게도 알랑거릴 필요가 없으니 실로 자유롭
습니다.

하지만 자신의 그 마음을 다른 사람에게 강요해서
는 안 됩니다. 다른 사람의 말과 행동에 대해서는
되도록 겸허해지십시오. 경우에 따라서는 참을성
도 필요합니다. 그런 참을성과 인내는 결국 평온
과 우정을 가져다줍니다.

1950년의 편지

062
사람의 일생이란
자신에게로 향하는 길이다

사람의 일생이란 자신에게로 향하는 길을 홀로 걷는 것이다. 그 길 끝에는 완전한 자신이 서 있다. 하지만 누구나 거기까지 도착할 수 있는 것은 아니다.

《데미안》

063
자신 그 자체인
삶을 살아라

"나는 올바르게 살고 있는 걸까?" 하고 묻지 말도
록. 그 질문의 본의는 아마 이것이겠지.

"나는 삶도 그렇고, 껴안고 있는 문제도 그렇고, 다
른 여러 사람들과 꽤나 다른 것 같아. 이런 내가
보다 멋진 인생을 살기 위해서는 어떻게 해야 후
회하지 않을까?"

이 질문에 대해서라면 어느 정도는 답해줄 수 있
다네.

"남의 삶을 조금도 흉내 내지 말고, 자신이 살고
싶은 대로, 언제나 자신 그 자체로 살아가면 된다
네. 물론 그 경우에도 책임은 져야겠지. 비법 같은
건 어디를 뒤져봐도 없다네. 다만 자신의 그 개성

적인 삶에서 필연적으로 발생하는 일로부터 도망가지 말고, 진심으로 인정하고 받아들인다면 더욱 강하게 살아갈 수 있을 걸세."

1930년의 편지

064
고통의 한복판을
통과해라

고난이 두려운 건 당연한 일일세. 누구나 그걸 겁내면서 본인만은 고통받지 않기를 바란다네. 가능하면 앞으로 계속 괴로움을 피해 살아가고 싶어 하지.

하지만 어떤 사람에게든 고난은 덮치는 법일세. 거기서 일단 달아난다 해도 또 다음번에 다른 고통이 찾아오지.

만약 지금 고통 속에 있어서 그로부터 한시라도 빨리 벗어나기를 바란다면, 가장 짧은 길은 눈앞에 펼쳐져 있다네.

바로 고통의 한복판을 당당하게 통과하는 것일세.

고통을 온몸으로 받아들이고, 그걸 견디면서 걷는 거지. 그러면 가장 빨리 고통의 세계에서 빠져나올 수 있다네.

나는 그렇게 살아왔네.

1935년의 편지

065
불안을 극복하고
한 걸음이라도 나아가라

만약 지금 불안하다면, 그 불안을 물끄러미 바라
봐라. 불안의 정체가 보일 때까지.

그대는 더없이 익숙하고 안전한 장소에서 몸을 일
으켜 미지의 영역으로 발을 들여놓는 것을 두려워
한다. 누구든지 그렇다. 하지만 살아간다는 것은
그 두려움과 불안을 극복하고 앞으로 나아가는 일
이다.

그렇다면 자신을 버릴 각오로 뛰어들어라. 또는
운명에 모든 것을 맡기고 나아가라. 앞으로 딱 한
걸음. 단 한 걸음만.

《클라인과 바그너》

066
여행도 인생도
도중에 기쁨이 있다

여행의 참맛은 다름 아닌 길 위에 있다.

서둘러 목적지로 돌진하지 마라. 방랑해야 한다.

방랑의 달콤함을 맛봐야 한다. 그것은 청춘의 나

날의 기쁨이다. 인생의 나날의 기쁨이다.

시 〈여행술〉

067
인생에 정말로 필요한 것을
가려내자

이 세상의 수많은 사람들은 일을 인생에서 가장 중요한 것으로 여긴다네. 그야말로 일을 신처럼 숭배하지.

또 어쨌든지 돈을 많이 벌기 위해, 되도록 많은 돈을 얻기 위해 고심하며 하루하루를 보내고, 부자가 되는 것을 인생의 성공이라 부른다네.

한데 정말로 그런 일이나 돈이 우리에게 필요한가. 우리에게 부족한 건 바쁜 스케줄이나 돈벌이에 허덕이는 일상이 아닐 걸세. 일테면 그것은 아주 소소한 무언가를 그때그때 즐기는 마음이 부족한 건 아닌가.

또한 우연히 일어나는 일을 성가신 트러블로 여겨

피하지 않고, 달게 받아들이며 살아가는 것. 운명이 어떻게 굴러가든 조금도 주춤거리지 않고, 인생에 대한 신뢰를 굳건히 유지하는 것. 그런 것이야말로 우리에게 가장 필요한 게 아닌가.

1925년의 편지

068
운명은
스스로 키우는 것이다

자신의 운명은 다른 누군가가 쥐고 있지도 않고, 어딘가에 숨겨져 있지도 않다. 운명은 자신의 성장과 함께 자기 안에서 자라기 때문이다. 마치 어머니가 배 속에 아이를 키우는 것처럼. 이제까지 살아온 삶, 자신의 의지와 결단과 행동이 자신의 운명으로 자기 안에 깃든다. 나 자신이 곧 나의 운명이다. 그 사실을 모르고서 운명을 거부하면 운명은 쓰게만 느껴질 따름이다. 운명을 받아들이고 사랑하면 운명은 꿀맛이 될 것이다.

〈운명에 대해〉

069
영웅이란 자신의 운명을
짊어질 수 있는 사람이다

영웅이란 국가의 무모한 명령에 고분고분 따른 결과 살인이 목적인 전쟁터에서 목숨을 잃은 병사를 일컫는 말이 아니다.

영웅이란 대중 속에서 눈에 띄지 않더라도, 자신의 성격과 마음이 이끄는 운명을 짊어지고 한결같이 당당하게 살아갈 용기를 지닌 자다.

〈마음 가는 대로〉

070
피나는 인생 경험을
쌓아라

여기저기서 즐거움을 팔고 있다. 가슴 두근거리게 만드는 것, 환락을 안겨주는 것, 사람을 도취시키는 것을 판다. 그 모든 것은 돈으로 쉽게 살 수 있을 것이다.

하지만 그 모든 것에는 참된 가치가 없다. 자기 피의 일부를 바치지 않고 얻는 것이기 때문이다.

다시 말해 아무리 사소한 것이라도, 또는 조그마한 감정이라도, 그로 인해 자신이 몹시 괴로워하거나 매우 사랑하거나 격렬하게 원하거나 자기 일부를 희생해서 얻지 않았다면 그것은 우리의 경험이 되지 않는다.

이 인생의 진실은, 참된 인생 경험은 그렇게 해서

만 얻을 수 있다. 다른 건 전부 가짜나 속임수에 불과해서 자기 인생의 체험이 되지 않는다.

〈마음의 재산〉

071
천진함을
잃지 말자

어른의 마음속에도 있는 천진함을 계속 소중히 여기게. 그것이야말로 청춘이기 때문이지.
그 천진함이 앞으로 인생을 훨씬 풍요롭게 만들어 줄 걸세.

1912년의 편지

072
인생은
샌드위치

인생에는 엄숙한 일만 있는 것도 아니고, 늘 감동
적인 일만 있는 것도 아니다.
그 사이에는 웃을 일이 아주 많이 끼여 있다.

《페터 카멘친트》

073
작은 악행이
하루를 망친다

분노. 불신. 안달. 거짓말. 배신. 심술.

이런 것은 일상 속에 얼마든지 존재할 수 있지만,

실제로 이것들 중 단 하나라도 일상에 끼어들면

그 하루를 어쩔 도리 없이 망치고 만다.

너무도 짧은, 단 한 번뿐인 인생의 소중한 오늘 하

루가 그 탓에 완전히 짠맛으로 변해버린다.

《페터 카멘친트》

074
일에 몰두하면
갈등은 사라진다

아름다움과 추함. 흑과 백. 빛과 그림자. 선과 악.
생과 사. 성공과 실패. 상승과 하강……. 양극단에
있는 것은 죄다 미혹일 뿐이다. 그것들은 전부 사
람의 머릿속에 있는 미혹 탓에, 서로 반대편에 있
는 것으로 우리 눈에 비칠 뿐……. 그런 시시한 미
혹을 끊어내고 싶다면 딱 한 시간, 자신이 해야 할
일을 실행하는 것으로 족하다. 심혈을 기울여 있
는 힘껏 일에 몰두하는 것이다. 그러기만 해도 지
금까지 자신을 된통 괴롭혀온 미혹의 심연에서 너
무나 간단히 벗어날 수 있다.

《클링조어의 마지막 여름》

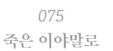

075
죽은 이야말로
생생하게 살아 있다

죽은 이는 이미 이곳에 없는 게 아닐세. 죽은 이는 지금 이곳에 살아 있네. 좋아하는 음악과 노래. 방에 걸어두고 싶은 근사한 그림. 언제든지 읊을 수 있을 만큼 기억에 또렷이 박힌 시. 몇 번이나 다시 읽은 책. 게다가 이 집을 지은 사람. 하루에 몇 번이나 쳐다보는 시계. 이제는 낯익은 풍경 중 하나가 된 다리와 탑. 내 사고방식에 영향을 준 철학과 사상과 이야기……

이들은 전부 내 생활에서 빼놓을 수 없는 일부가 되었지만, 죄다 과거의 다양한 세기를 살았던 죽은 사람이 아닌가.

나는 오늘도 가족 다음으로 친밀하게 죽은 이들과

살아간다네. 그들이 내 생활을 만들고 있어. 나는 그들에게 둘러싸여 그들의 가르침을 받고, 그들의 손으로 길러지며, 그들에게 위로받고, 용기를 얻지. 그러므로 죽은 이는 사라지지 않았다네. 지금 이곳에 생생하게 살아 있지. 그들은 이 현재의 세계를 나와 함께 만들어가고 있네.

1955년의 편지

076
인생은
음악처럼 흐른다

적어도 내 인생에는 만족스러운 안정도 정체도 없
다고 여겨진다.

언제나 현재를 극복하며 앞으로 나아가는 것이 인
생이다. 다시 말해 인생은 음악과 마찬가지다. 음
악은 마디 순서대로 그때그때의 곡상(曲想)을 연
주하고, 템포를 차례로 소화하고, 조바꿈을 하고,
긴장을 풀지 않은 채 곡을 계속 전개해나간다. 정
체도 동결도 없다. 완성을 향해, 파도처럼 넘실대
며 계속 흐른다. 인생도 그런 식으로 각자의 악보
마지막 마디에 이른다.

《유리알 유희》

077
앞으로 계속할 수 있는
일을 해라

충고 하나 해둠세. 자신에게 잘 맞는, 제대로 된 직업을 가지게. 단, 내가 말하는 제대로 된 일이란 세상 사람들이 생각하는 것과는 전혀 다르다네. 즉 남들보다 더 많이 벌면서도 안전하고 안정적인 일을 뜻하는 게 아니야. 자네가 자네의 인생에서 계속해나갈 수 있는 일, 또 자네의 성장과 함께 키워나갈 수 있는 자네다운 일을 말하는 거지. 그런 일을 찾는 건 어려울 수도 있다네. 하지만 그런 것이야말로 자네에게 잘 맞는 일이고, 그게 자네의 인생을 풍요롭게 만들어줄 걸세.

1916년의 편지

078
천직은
나중에야 알게 되는 것

애초에 자신에게 딱 맞는 천직을 고른다는 건 불가능한 일일세. 젊을 때 미리 자신의 천직을 알 방법 같은 건 없지.

단, 자신이 해온 그 일이 천직인지 아닌지는 이제 돌이킬 수 없는 단계가 된 다음에, 또 그만큼 나이를 먹은 뒤에 명확하게 자각할 수 있다네.

물론 그때는 이미 수많은 어려움을 견뎌내고, 나락에 걸쳐진 얇은 흔들다리를 겨우 끝까지 건너고, 막대한 희생을 실컷 치른 뒤이긴 하겠지만……

1927년의 편지

079
자유롭게 사는 데는
각오가 필요하다

자유롭게 사는 건 간단치 않다네. 늘 자기 자신으로 살아가는 삶도 온갖 상황과 장소에서 크고 작은 충돌과 오해를 쉽게 낳지. 이 세상에는 규범과 도덕, 불문율 같은 게 있기 때문일세. 그 틀 속으로 들어가 만족하는 사람만이 호감을 얻는 게 이 세상이라네. 그런 세상에 저항하면 당연히도 풍파가 일지. 그 풍파를 어떻게 견뎌낼지, 또는 그것에 계속 저항할지, 혹은 경우에 따라 순응할지, 그런 것까지 전부 스스로 정해서 늘 직접 책임질 각오가 없다면 자유롭게 살 수 없다네.

1956년의 편지

080
지금 이 순간을
사랑해라

저는 19세기 낭만파 시인 뫼리케가 사용했던 거
위 깃털 펜을 가지고 있습니다. 뫼리케가 손수 정
성껏 깎아서 아름다운 글씨로 시를 쓸 때 사용한
펜이지요. 만약 그가 직접 깃털 펜을 깎거나 사순
절의 삶은 달걀에 시간을 들여 꼼꼼하게 색칠을
하지 않았다면 더 많은 작품을 남길 수 있었을 겁
니다.

하지만 뫼리케는 결코 그리하지 않았습니다. 자잘
한 잡무를 직접 공들여 처리했습니다. 효율적인
생산성을 무엇보다 우선시하는 현대인의 눈에는
그런 뫼리케가 자못 게으름뱅이처럼 보이겠지요.
하지만 그것이야말로 인생이 아닐까요. 생산이나

목적이나 진척 따위에 조금도 신경 쓰지 않고, 그
저 지금 이 순간을 자신의 손으로 사랑하는 것 말
입니다. 인생의 이 찰나는 그것을 통해서만 아득
한 영원으로 이어지는 게 아닐까요.

1908년의 편지

081
내면의 목소리를
들어라

"저 자신을, 아니 저의 인생을 모르겠습니다. 어떻게 하면 저한테 가장 좋은 인생을 살아갈 수 있을지……."

"내면의 목소리에 귀를 기울이면 된다네. 그러면 저절로 알게 되지."

"네, 귀를 기울이고 있습니다. 그런데 뭘 하면 되겠습니까?"

"나는 자네의 양심이 어떤지 모르고, 자네의 능력도 몰라. 또 자네가 정말로 하고 싶은 일이 뭔지도 모르지. 그러니 나는 자네 내면의 목소리를 들을 수 없는 것일세. 그 목소리를 들을 수 있는 건 자네 자신뿐이니까. 누군가를 흉내 내려 하지 말고,

또 누군가의 도움을 받으려고도 하지 말고, 진심을 다해 자기 내면의 목소리를 들으면 한 줄기 길이 보일 걸세. 그때 자신이 해야만 하는 일을 아주 자연스레 깨달을 거라네."

1917년의 편지

082
무의미한 인생에서
조금씩 의미를 찾자

살아가는 건 무의미할 뿐입니다.

인생 자체에는 딱히 특별한 의미 따위 없습니다.

게다가 인생은 더없이 잔혹한 동시에 너무나 어리

석기도 하지요.

그럼에도 여전히 인생의 무의미함과 역겨움, 불가

해함을 스스로 받아들이고, 언제 죽을지 모른다는

위험을 각오할 필요가 있습니다.

그러나 그것은 스스로를 고뇌에 빠트리겠지요. 고

뇌하면서, 어떻게든 자기 인생의 의미를 찾아내고

싶다고 울면서 발버둥 치겠지요.

그리하여 결국은 자기 나름의 의미를 조금씩 찾아

나가겠지요.

그것이야말로 동물이나 곤충이 아닌, 감수성을 지닌 우리 인간만이 할 수 있는 최고로 눈부신 일입니다.

1931년의 편지

083
개성적으로 살아가는 건
전투다

당신은 눈에 띄게 개성적인 인물이 되고 싶습니까? 그렇다면 개성이 짙어질수록 무슨 일이든 잘 풀려서 하루하루가 아주 유쾌해질 거라고는 생각하지 않는 편이 좋습니다.

왜냐하면 개성적으로 살아갈수록, 또 남들과는 다른 독특한 개성을 지닐수록 당신은 평범한 사람의 평범함, 이른바 범용함과 강하게 충돌할 것이기 때문입니다.

또한 그런 유형적인 평범함을 정상으로 여기는 시민성과도 부딪칠 테고, 그들이 지탱해온 전통이나 인습과도 당연히 부딪칠 것입니다. 자연히 당신은 많은 이들로부터 이상한 사람이라고 비웃음당하기도 하겠지요.

그러므로 개성적인 인물이 된다는 것은 길고도 혹
독한 하나의 전투입니다.

1929년의 편지

084
헌신이 없다면
인생의 의미도 없다

사람은 헌신하고 사랑해온 것에서만 인생의 의미
를 발견한다.

〈오래된 질문〉

085
청춘의 노래는 나이를 먹어도
여전히 마음을 울린다

청춘은 근사한 가곡 같은 것이다.

그 가곡은 나이를 먹어도 여전히 맑디맑은 음률로

마음을 울린다.

《게르트루트》

086
고유한 인생을
시작해라

우리는 사실 무언가를 자신의 의사로 결정하지 않는다. 뭐가 좋은지 나쁜지 스스로 판단하지 않는다. 세상과 타인의 방식을 따라 할 뿐이다. 그러므로 어떤 결정을 하든 미련이 남고, 나중에 후회하기도 한다.

차라리 한 번쯤은 자신을 완전히 발가벗겨봐야 한다. 실제로 자기 내면에서 어떤 충동이 솟아나고 있는지, 무엇을 원하는지, 어떤 것이 불안한지, 무엇이 자신을 괴롭히는지, 그런 것을 명백하게 만들어보는 것이다.

그리고 그 아무것도 없는 지점에서부터 시작하자. 그러면 자신의 진짜 가치관이 생겨나고, 자기한테 무엇이 좋거나 나쁜지 아주 명확하고도 알기 쉽게 떠오를 것이다. 누구의 흉내도 아닌 자신의 고유한 인생을 시작하는 것이다.

1921년의 일기

087
마지막에는 죽음까지
사랑할 수 있게 된다

처음에는 어머니를 사랑하고, 다음으로 아버지를
사랑하고, 나아가 가까운 사람들을 사랑하고, 다
정한 것을 사랑하고, 아름다운 것을 사랑하고, 고
향을 사랑하고, 타인을 사랑하고, 이윽고 껄끄러
운 사람까지 사랑하며, 게다가 이 인생도 완전히
긍정하고 사랑하듯이, 우리는 결국 죽음까지 사랑
할 수 있게 된다.

그리고 죽음은 마침내 인생 최대의 행복이 된다.

《황야의 이리》

088
몸과 마음을 건강하게 만드는 데
돈은 필요 없다

반드시 큰돈을 써야만 건강을 얻을 수 있는 건 아니다. 몸과 마음을 건강하게 만드는 데 돈은 필요 없다. 요컨대 공짜인 것인데, 오히려 공짜라서 다들 놓치고 지낸다. 적당히 먹고 마실 것. 매일 조금은 운동할 것. 몸도 마음도 청결하게 유지할 것. 되도록 좋은 기분으로 지낼 것. 겨우 이 정도만으로 감각도 감성도 건강해진다. 그러면 계절의 변화가 전부 아름답게 느껴지고, 기쁨이 늘어나며, 온갖 것으로부터 생명력을 얻을 수 있다.

〈크리스마스에 부쳐〉

089
이득을 중심으로 살아가면
인간으로서 빈곤해진다

수많은 실망과 낙담을 경험하고, 언제나 피로감을 느끼며, 노력이 결실을 맺지 않아 빨리 늙어버리는 삶이 있다.

그것은 될 수 있는 한 많은 돈을 원하고, 가능하면 사회적 권력까지 손에 넣으려고 아등바등하는 이득 중심의 삶이다. 그 길을 걸으면 인간으로서 매우 빈곤해진다는 대가가 기다리고 있다.

〈크리스마스에 부쳐〉

090
'빵'이라는 단어에는
선량함이 깃들어 있다

나는 빵이라는 평범한 단어야말로 인생에서 매우 중요하고도 깊은 의미를 지닌다고 본다.

이 단어가 뜻하는 건 생명력의 원천, 살아가는 데 꼭 필요한 것, 그리운 추억이 뒤섞인 부드러운 맛, 여러 사람들과 둘러앉은 식탁의 즐거운 기억 등 죄다 좋은 것뿐이기 때문이다.

빵이라는 단어의 특별한 소중함은, 이탈리아인이 누군가를 정말 좋은 사람이라고 칭찬할 때 "그 사람은 빵처럼 선한 사람이야"라고 말하는 데서도 분명하게 드러난다.

〈빵이라는 단어〉

091
인생의 잡다한 일에
번민하지 마라

자신의 인생이 마치 카오스처럼 느껴지는 이유는
하찮은 잡무나 고민거리, 또는 자신에게 전혀 맞
지 않는 일에 많은 시간을 허비하거나 정신을 빼
앗기고 있어서가 아닐까요.

인생을 그런 혼돈으로 만들고 싶지 않다면 음악의
감성이 필요할 겁니다. 즉 자신이 주로 관계해야
할 일에 몰두할 때, 마치 서로가 공명하는 듯한 감
각을 맛보는 것입니다.

그 감각을 알고 나면, 일테면 자신의 일을 할 때는
조화가 절로 이루어져서 일이 나를 흔쾌히 받아들
여준다고 느낍니다.

이렇게 되면 나머지는 순풍에 돛 단 배입니다. 인

생은 그 쾌감을 중심으로 나아가게 됩니다. 그러면 인생이 단단한 심으로 지탱되어 외부의 소음에 괴로워하지 않게 됩니다.

1910년의 편지

092
인생의 의미를 알고 싶다면
진지하게 살아라

원하는 것을 강제로 손에 넣고, 온갖 쾌락을 탐하고, 가질 수 있는 재물을 최대한 모았다 해도 우리의 마음은 공허로 가득할 뿐일세.

우리가 정말로 원하는 것은 의미이기 때문이라네. 삶의 의미. 그것은 온 세상을 뒤져봐도 찾을 수 없다네. 인생의 의미는 자신이 진지하게 살아감으로써 스스로에게 부여하는 것이기 때문이지. 그때 살그머니 도와주는 것이 성서와 각종 철학일세.

1933년의 편지

093
헌신을 위한
이기주의

이기주의에는 두 가지 종류가 있다네.

하나는 그때그때 늘 본인만 이득을 보려는 생각과 행동에서 비롯된 이기주의일세. 많은 사람들이 이 이기주의를 숨기면서도 조금씩 드러내며 세상을 살아가려 하지. 다른 하나는 자신의 재능과 힘을 누구의 방해도 받지 않고 키워낸 끝에, 개성을 각성한 자신의 능력을 충분히 사용하여 세상과 많은 사람들에게 헌신하려는 태도일세. 이 이기주의의 길은 몹시 험난하다네. 하지만 그 길을 어렵사리 가려고 하는 젊은이들이 있지.

1922년의 편지

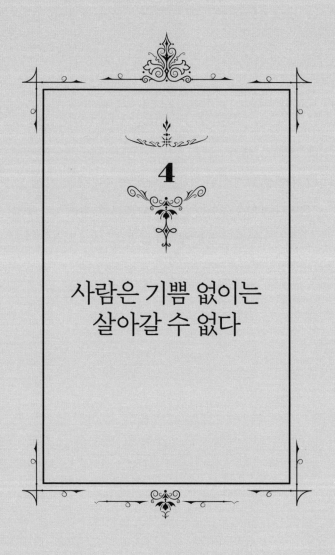

4

사람은 기쁨 없이는
살아갈 수 없다

094
사람은 기쁨 없이는
살아갈 수 없다

사람이란 그게 어떤 형태든, 그게 얼마나 작든, 기쁨이나 즐거움 없이는 살아갈 수 없는 존재다.
고통의 한복판에 있을 때조차 그렇다.

《짧은 약력》

095
순순히 기뻐하고
아름다움에 경탄해라

기뻐하는 능력이 있으니 참지 말고 순순히 기뻐해
라. 아름다움을 느끼는 감수성이 있으니 점잔 빼
지 말고 순순히 아름다움에 경탄해라.

소나타 변주곡을 듣고 황홀해하는 것과 아기 고양
이가 장난치며 머리를 빙그르르 돌리는 모습을 보
고 귀엽다고 느끼는 것은 같은 감수성이다. 거드
름 피우는 것에만 심오한 아름다움이 있는 것은
아니다. 인생의 하루하루에 수없이 존재하는 작은
것들은 무척 아름답고, 게다가 우리를 더없이 기
쁘게 만들어준다.

〈행복〉

096
생명력이 약한 사람일수록
돈에 기댄다

돈의 위력을 과시하거나 돈으로 남을 움직이는 사람은 매우 나약하다. 그는 자신의 생명력을 더는 신뢰하지 못한다는 사실을 알고 있기 때문에 돈으로 왕성한 생명력을 가장한다.

이와 마찬가지로, 미래에 생길 수도 있는 돈이 얼마나 많은지 혹은 적은지에 따라 자신의 행동을 결정하는 사람은 본인 안에 신뢰할 수 있는 것이 전혀 없다.

〈마음 가는 대로〉

097
욕망을 가지고 보면
욕망밖에 보이지 않는다

높은 곳에서 내려다보는 숲이 더없이 아름다운 이
유는 그 숲이 자신의 소유가 아니기 때문이다.

만약 그 숲을 사고팔아 한밑천 잡으려는 의도나
계획이 있다면, 숲은 아까와는 딴판으로 변해 아
름다움을 잃는다.

숲과 같은 자연뿐만 아니라 사람에 대해서도 같은
말을 할 수 있다. 어떤 요구나 의도를 품고 상대를
바라보면 자신의 눈에 비치는 것은 상대 자체가
아니라 본인의 사정과 욕망, 계산뿐이다.

〈영혼에 대해〉

098
사람은 자신을
속이며 살아간다

사람도 역시 자연의 일부일 터다. 하지만 나무나
구름, 파도와 같은 자연과는 명백히 다르다. 대체
로 사람들은 자기 자신을 있는 그대로 드러내며
살아가지 않기 때문이다.

대부분의 사람들은 사회 속에서 늘 뭐라도 되는
양 스스로를 가장하며 살아간다. 그러면서 자신에
대해서는 아무것도 모른다.

마치 가면을 쓰고 치장한 자신이 진짜 자신보다
소중하기라도 한 것처럼.

《페터 카멘친트》

099
자신의 꿈을
가져라

많은 사람들은 다양한 꿈을 품고 살아갑니다. 이렇게 하고 싶다, 저렇게 하고 싶다, 하며 무수한 꿈을 머릿속에 그립니다. 하지만 그 대부분은 실현되지 않습니다.

왜냐하면 그들의 꿈은 본인의 능력에서 자연스레 샘솟은 자신의 꿈이 아니기 때문입니다. 그들의 꿈은 그때그때의 무책임한 욕망에 지나지 않다.

《데미안》

100
차별과 싸움은
모두 인간의 마음속에서 나왔다

세상을 가득 채우고 있는 극심한 차별, 혐오, 배척,
가치의 차이를 멋대로 결정하는 것, 중독, 방탕, 곤
궁, 오만, 잠시도 가라앉지 않는 고통, 끊임없는 언
쟁, 피투성이 전쟁, 온갖 공포…….
이들은 모두 다 우리 인간의 마음속에서 나온 것
이다.

《클라인과 바그너》

101
남의 판단 따위는
도움이 되지 않는다

세상은 너무나 불완전해서 불쌍히 여겨야 할 대상
일까? 아니면 이대로도 완전무결해서 어떤 면에
서든 올바른 걸까.

대부분의 사람들은 그때그때 어느 쪽이든 쉽사리
믿을 거야. 왜냐하면 그들이 뭘 어떻게 믿을지 결
정할 때 영향을 끼치는 요소는 지금 지갑 속에 얼
마가 들어 있는가, 배가 부른가 고픈가, 날씨가 좋
은가 나쁜가, 기분이 어떤가이기 때문이지.

《게르트루트》

102
사람을 움직이는 건
사상이 아니라 돈과 명예다

"사랑하라"라는 예수의 말에 감명받았다 한들 실
제로 자신의 생활을 조금이라도 바꾸려고 노력하
는 사람은 드물다네. 또 시인과 철학자, 사상가의
사고방식에 감동을 받아봤자 자신의 생활 방식을
조금이나마 바꾸려 하는 사람도 없지.

그런데도 약간의 돈이나 이익, 명예를 위해서라면
무언가를 곧장 찬성하는 사람이 얼마나 많은가.
전쟁도 그런 식으로 현실에서 일어나는 것일세.

1929년의 편지

103
세상은 천재보다
평범한 사람을 좋아한다

일반적으로 학교라는 곳은 천재적인 아이를 키워 내려고 하지 않습니다. 사고방식이 건전하고, 다시 말해 세상의 가치관을 따르고, 그럭저럭 건강하며, 다른 사람과 비슷하게 유능한 아이를 키우고 싶어 하지요.

세상 사람들도 마찬가지입니다. 그들은 천재적인 사람을 성가시고 거추장스러우며 다루기 힘든 존재로 여깁니다. 그리하여 결국은 평균적인 사람만 사랑받지요. 바로 그런 사람들이 생산업이나 서비스업에 종사하는 데 적합하기 때문입니다.

1930년의 편지

104
젊은이는
언젠가 늙는다

젊은이들의 겉모습은 매우 날렵합니다. 생생한 에너지로 가득합니다. 그들은 지금의 세상을 비판해 마지않습니다. 어째서 세상이 이렇게 되어버렸냐고 불평하고, 어른들이 나쁜 세상을 만들었다고 끝없이 화를 내며, 만사를 다 아는 양 남들의 비열함과 오만함, 악덕함을 지적합니다.

그러는 한편, 실제로 그들의 행동은 어떨까요. 제 취향의 이성을 쫓아다니는 것 말고는 향락만 추구하지 않습니까. 현재 상황에 대한 책임을 지지 않고, 자신이 사회의 일원이라는 사실조차 자각하지 못하며, 무엇에도 참가하지 않고, 적극적인 행동도 하지 않으며 멀리서 조소할 뿐이지요. 그러다 결국은 아무것도 해내지 못한 채 나이를 먹고, 마지막에는 오래전 젊은 시절에 봤던 본인밖에 모르는 꾀죄죄한 노인과 꼭 같은 모습이 되고 맙니다.

1931년의 편지

105
반항하는 젊은이들 가운데
천재가 있다

사회가 정한 교육 시스템을 잘 따라가지 못하는
아이들, 어른이 정한 규칙이나 규율에서 자기도
모르는 사이에 벗어나버리는 젊은이, 어떻게 해도
교사에게 미움받는 학생, 반항을 거듭한 끝에 학
교에서 쫓겨나는 학생. 그런 젊은이들 가운데 훌
륭한 작품을 만드는 예술가와 문화를 새로운 방향
으로 개척해나가는 천재가 있는 법이다.

하지만 모두가 그런 것은 아니다. 대부분의 젊은
이는 반발이나 반항만으로 완전히 지쳐버려서 자
신의 길조차 찾아내지 못하게 된다.

《수레바퀴 아래서》

106
제멋대로라는 말을 듣는 이야말로
진짜 개성적인 사람이다

어떤 이를 개성적이라고 일컫는 것은 일종의 좋은 평판이 된다. 하지만 어떤 이를 제멋대로라고 평가하는 건 악담이 된다.

실제로는 제멋대로라고 평가받는 사람이야말로 자신의 개성에 따라 꾸밈없이 살아간다. 반면 개성적이라는 말을 듣는 사람은 이따금 독특한 생각이나 의견을 내비칠 뿐, 그것 말고는 거리의 흔한 사람들과 똑같이 살아가고 생각한다.

〈마음 가는 대로〉

107
젊은이는
고독한 이기주의자다

젊은이는 대체로 모두 고독한 이기주의자다.

그들은 자신만이 영원히 살 거라고 내심 믿고 있다. 그래서 만사를 자기 위주로만 생각한다. 자신의 이해타산이나 상상이야말로 현실적인 것이라여기며, 자신의 쾌감에만 최고의 가치를 둔다.

따라서 약간의 실수나 예기치 못한 문제가 생기면크게 낙담한다. 마치 나락에라도 떨어진 것처럼. 또 기쁜 일이 생기면 어쩔 줄을 모른다. 마치 이세상의 꼭대기에 올라간 것처럼.

이 극단적으로 뜨겁거나 차가운, 낙차가 크고 우스꽝스러운 희비극이 일어나는 이유는 그들이 언제나 저 혼자만을 위해 살아가기 때문이다. 젊은

이들은 아직 다른 사람을 위해 살아가는 충만함의
온기를 모른다.

《게르트루트》

108
음악에 대해 말하지 마라.
그냥 연주해라

음악에 대해 이러쿵저러쿵 설명하거나 떠들어봤자 대체 뭐가 될까요. 음악을 논해본들 거기에 가치 따윈 없습니다.

애초에 음악을 두고 올바르다느니, 교양적이라느니, 취향이 좋다느니 말하는 건 아무런 의미도 없는 데다 조금도 중요하지 않을 테지요.

핵심은 일단 음악을 연주하는 것이 아닐까요. 정교한 연주로 사람들을 기쁘게 하고, 춤추게 하고, 듣는 이의 마음을 즐거움으로 가득 채워주는 것 말입니다.

《황야의 이리》

109
아이의 영혼은
부모를 닮지 않는다

아이들은 모두가 각자 자신만의 새로운 영혼을 지니고 있다.

그러나 부모들은 그 사실을 조금도 깨닫지 못한다. 그러기는커녕 자기 자식이라는 이유로 영혼도 대대로 이어진다고 착각한다.

그래서 아이가 자신들과 너무 다르게 생각하거나 행동한다고 느끼면 그것을 어린애의 천진함이나 격세유전, 혹은 단순한 우연 탓으로 치부해버린다. 부모들은 그것이 새로운 영혼의 행동이라는 사실을 알 길이 없다.

《크눌프》

110
너무 많은 약속을
하면 안 된다

여자들이 너의 말을 잘 들어주지 않는다고?

그야 그렇겠지. 원인은 너한테 있어. 네가 여자들

한테 지나치게 많은 약속을 했기 때문이야.

《크눌프》

111
지식을 쌓을수록
의문도 늘어난다

지식은 마치 물건처럼 여겨진다네. 혹은 어떤 일에 도움이 되는 도구처럼 취급받기도 하고 말일세. 그렇다면 지식인은 많은 도구를 가진 사람인가? 백과사전은 많은 도구를 담아놓은 편리한 책인가? 충격적인 사실을 하나 알려주지. 지식을 쌓으면 쌓을수록 더욱 늘어나는 것이 있다네. 바로 의문일세.

지식의 숲속 깊은 곳에는 더욱 컴컴한 의문의 골짜기가 입을 벌리고 있다네.

1936년의 편지

112
소시민이
만들어내는 악

이 세상에서 벌레처럼 꿈틀거리는, 이름 없는 무
수한 소시민이라는 작자들은 어떤 경우라도 여하
튼 본인만 안전한 장소와 위치에 있으려고 한다.
그래서 언제나 적당한 것만 가지며, 본인한테 유
리한 환경에서만 산다.

그들은 만사에서 극단적인 것을 피한다. 그러니
사실은 예술이 뭔지도 모르고, 성스러운 것에 대
해 조금도 이해하지 못하며, 건전한 사람에게도
이따금 생겨나는 타락이나 방탕조차 자신과 인연
이 없는 것으로 생각한다.

그런 주제에 권력을 한 조각이라도 손에 쥐고 싶
다는 욕심으로 다수결 제도를 만들었다. 또 자기

안의 폭력을 권리로 정당화하기 위해 법률을 만들었고, 저 자신은 책임을 지기 싫기 때문에 투표 제도를 만든 것이다.

《황야의 이리》

113
저는 본심을 이야기하는 사람을
좋아합니다

저는 사람을 싫어한다는 인상을 풍길지도 모릅니다. 사교 활동에 서툰 인간으로 보일 수도 있고요. 하지만 그건 사실과 전혀 다릅니다.

저는 농부나 아이들과 금세 친해집니다. 뱃사람도 무척 좋아해서 항구의 술집에서 그들과 함께 술을 마시지요. 화가나 건축가와 담소를 나누고, 그들의 작업장을 구경하는 것도 무척 즐깁니다.

이런 사람들은 낙천적이고, 본심을 터놓으며, 자신의 일에 인생을 걸어서 너무 좋습니다.

반면 겉치장과 거짓말, 수작만 가득한 고상한 사교장이라면 저는 절대로 얼굴을 내비치지 않습니다.

오히려 혼자 책을 읽거나 당구를 치는 쪽을 선호
하지요.

1903년의 편지

114
감성이 없으면
이 세상은 사막이다

귀여운 소녀는 어째서 사랑스러운 것일까. 아름다
운 여성은 어째서 그렇게 매력적인 것일까. 두둑
한 지갑은 어째서 부유한 기분을 안겨주는 것일
까. 잘 잡힌 바지 주름은 어째서 단정하고 산뜻한
느낌을 주는 것일까. 오만한 작자들이 전쟁이라고
부르며 시작하는 살육은 어째서 비참한 것일까.
우리에게 감성과 감정이 있기 때문이다. 감성과
감정이 없다면 모든 것은 그저 무미건조한 사물이
나 상황에 지나지 않는다. 황량한 사막일 뿐이다.

〈뉘른베르크 여행〉

115
살아 있는 것이
불꽃처럼 느껴지는 여름

여름은 근사하다.

비가 세차게 퍼붓는다. 밤이 더욱 푸르게 변한다.

마로니에 꽃이 화려하게 핀다. 재스민이 달콤한
향기를 퍼트린다.

곡물이 익어간다. 뇌우의 밤이 다가오는 낌새.

어른들이 어린아이처럼 변한다. 살아 있는 것이
불꽃처럼 느껴지는 계절.

〈여름을 향하며〉

116
감각이
작동하는 기쁨

사람은 왜 여행을 하는가. 왜 다른 나라의 풍경과
건물을 보고 싶어 하는가. 왜 이국적인 공기를 마
시고 싶어 하는가. 왜 여행은 쾌감을 안겨주는가.
사람은 왜 바다나 강에서 헤엄칠 때 상쾌함을 느
끼는가. 왜 땀이 뚝뚝 떨어질 정도로 격렬하게 구
기 운동에 몰두하는가. 왜 스키로 산봉우리를 활
강하고, 깊게 쌓인 눈을 헤치며 행진하는가.

그 이유는 단 하나, 우리가 자신의 인간 감각을 추
구해마지않기 때문이다.

본다, 듣는다, 맛본다, 느낀다, 견딜 수 있다, 아직
잘 움직일 수 있다, 아름다움을 분별할 수 있다, 감
동할 수 있다, 호응하는 마음이 풍부하다…….

자신이 이만큼 감성과 약동으로 가득한 사람이라
는 감각을 생생하게 확인함으로써, 생의 쾌감을
느끼고 스스로의 존재를 기뻐하는 것이다.

<어느 여행 날>

117
자연의 순리에
따른다

저는 자연의 변화에 대해 불평하지 않습니다.

누군가의 이야기처럼 자연은 가혹한 것이라고도 말하지 않을 테고, 또 그렇게 생각하지도 않습니다. 오히려 자연의 순리를 따릅니다.

햇빛이 쨍쨍한 여름날 두 시간이나 물을 나르는 것은 몹시 고된 일이지만, 이게 바로 여름이라는 계절이구나 싶습니다.

여름다워서 좋다고 기뻐합니다. 나아가 여름이 더운 것도, 겨울에 눈이 오는 것도 제가 원하는 바라는 생각까지 합니다.

이렇게 생각하지 않고 날씨의 변화나 자연의 동향에 일일이 진심으로 불평불만을 늘어놓으면, 인생

이 더욱 힘들고 불쾌한 나날로 가득해질 것이기
때문입니다.

〈여름 편지〉

118
나는 모든 것과
연결되어 있다

드넓은 호수 한가운데까지 보트로 나아가 노를 거
두고 배 바닥에 드러눕는다. 그렇게 하늘을 보고
누워 손발을 쭉 뻗는 게 좋다.

햇빛이 몸 안쪽까지 닿아서 깊게 스며든다. 볕에
탈 것 같으면 물로 뛰어든다. 그러면 빛도 물도 대
기도 나도 하나로만 느껴진다.

나는 구름이 되고 노래가 되어, 모든 것과 연결되
어 있다고 깨닫는다.

마음도 어린아이처럼 변한다.

〈나른한 날〉

119
진짜 예술은
취미로 이룰 수 없다

본업을 하면서 소소한 취미로 진짜 그림을 그리는
건 결코 있을 수 없는 일이네. 어중간한 마음으로
시를 한 줄 적는 것도 불가능하지.

예술에 임하려면 몸과 마음이 활활 타올라야 한다
네. 자신의 영혼과 인생 전부를 창조에 걸어야 해.

1920년의 편지

120
건전하고 정상적인 사람은
예술가가 될 수 없다

이른바 멀쩡한 사람이란 재능이 없는 자다. 그들
은 건전하고 정상적인 인간이다. 그렇기 때문에
예술가가 가진 광기가 없으며, 오히려 광기를 꺼
림칙하게 여긴다.
본디 재능과 광기는 처음부터 연결되어 있기 때문
이다.

〈다채로운 공상〉

121
예술과 평온한 생활은
양립할 수 없다

예술가는 자신이 파멸하기 바로 직전까지 창조의
힘을 쥐어짜내는 것을 업으로 삼는다.
그것은 매우 냉혹한 혼자만의 전쟁터에서 벌이는
싸움과 비슷하다. 그런 창조의 나날은 사람다운
생활의 평온함과 행복을 희생시켜야 할 정도로 가
혹하기 짝이 없는 것이다.

《게르트루트》

122
예술가는
행복을 단념해야 한다

예술가는, 즉 재능으로 살아가려는 사람은 문화와
자신의 끊임없는 각성을 위해 책임 없는 대중이
누리는 일반적인 행복을 당연히도 단념해야죠.

1961년의 편지

123
예술가에게
필요한 것

예술을 하려면 넘치는 열정과 아이디어만으로는 아직 부족하다. 이에 더해 현명함과 기량, 능력, 포기하지 않는 끈기, 그리고 많은 행운도 필요하다.

그 유명한 화가 르누아르만 해도 엄청나게 심오한 사상을 가지고 있지는 않았다. 하지만 그는 "전쟁으로 가득한 이 세상에는 보다 아름다운 것이 필요하다"라는 자신의 주장을 명료하게 색채로 그려 내어 표현하는 데 성공했다.

이를 위해 르누아르는 착실한 노력을 끝없이 계속했고, 도중에 절대로 포기하지 않았다.

〈수채 묘사〉

124
자기만 생각하면
고독해진다

나는 아무한테도 이해받지 못한다. 누구 하나 진
정으로 연결된 사람이 없다. 일할 때는 그럭저럭
남들처럼 해내지만, 사실은 무서울 정도로 고독하
다. 나밖에 없는 방이 어둠의 밑바닥에 있다고 느
낄 정도로 고독하다…….

이렇게 생각한다면 간단한 치료법이 있다. 일단
자신이 행복한지 아닌지에 대한 관심을 곧장 끊을
것. 마찬가지로 자신에 대한 평가나 평판 따위 아
무래도 상관없으니 생각해도 의미가 없다고 마음
먹을 것. 여하튼 자신에 대한 이런저런 생각을 딱
멈출 것.

그리고 세상에서 일어나는 일과 다른 사람에 대해

관심을 가질 것. 늘 만나는 가까운 사람들을 잘 이
해하려고 노력할 것.
가능하면 그들이 조금이라도 기뻐하도록 무언가
를 해주거나 이야기를 들어줄 것.

《게르트루트》

125
사람은
언젠가 죽는다

길거리의 돌멩이를 보고 생각한다. 이 돌은 나보
다 훨씬 강하구나. 우뚝 서 있는 나무를 보고 생각
한다. 이 나무는 나보다 훨씬 오래 사는구나. 사람
은 덧없다. 언젠가 나는 나무뿌리가 되고, 흙이 되
고, 돌이 될 것이다. 그러면 나는 더 이상 종이에
수많은 말을 적을 필요가 없어진다. 가방에 치과
의사의 영수증을 넣을 일도 없어진다. 거만한 공
무원들에게 국적 증명서 건으로 여러 가지 귀찮은
소리를 들을 일도 없어진다. 나는 갖가지 존재로
변하여 구원받다가 이윽고 사라지는 것이다.

〈봄으로 가다〉

126
인간관계는 반드시
회복할 수 있다

사람과의 사귐이란 언제나 미묘하고 불안정한 것
입니다. 지금까지 아무런 문제가 없었던 인간관계
가 사소한 계기로 갑자기 꼬여버리는 경우도 종종
있습니다.

그럴 때 역시 상대의 마음을 헤아리려는 자신의
다정한 마음씨와 실천, 그리고 상대에 대한 배려
있는 예의가 뒤틀린 관계를 반드시 개선해줍니다.

1924년의 편지

127
타인을
이해하기는 어렵다

마음을 열면 우리는 누구와도 깊게 통할 수 있다.

우리는 그 어떤 타인도 잘 이해할 수 없고, 소통해

보려 해도 서로의 낙차를 깨달을 뿐이다.

이 두 가지는 모순되지 않는다. 양쪽 다 진실이기

때문이다.

《유리알 유희》

128
차이점보다 공통점에
주목하자

우리는 저마다 다르다. 타인과의 사이에 뛰어넘을
수 없는 깊은 틈이 가로놓여 있다고 느끼는 경우
마저 있다.

그래서 어쨌다는 건가. 분명 모두에게 저마다 다
른 점은 있지만, 다들 공통적으로 가지고 있는 부
분이 훨씬 더 많지 않은가. 서로의 차이점보다 그
쪽이 훨씬 더 중요하지 않은가.

《게르트루트》

129
사실은 서로가 두렵기 때문에
무리 짓는 것이다

단체를 만들어서 무리 짓는 사람들. 단체로 뭉치고 결속을 맹세하는 사람들. 뭉쳐서 행동하려고 하는 사람들. 그들은 왜 모이고, 얼굴을 맞대고, 서로의 동향에 신경 쓰는 걸까. 사실 그 이유는 한심한 것이지. 그들은 서로가 두려운 거야. 그래서 뭉쳐 있으면서도 마음은 뿔뿔이 흩어져서 서로를 진심으로 믿지 않아. 또 자신이 시대에 뒤처진 폐물이라는 사실을 내심 알고 있기도 해. 그러니 적어도 모여서 서로의 얼굴을 보며 같은 소리라도 내지 않으면, 작은 의견조차 드러내지 못하는 거야.

《데미안》

130
무리 짓지 말고
살아갈 각오를 가져라

무리를 지어서 살아간다. 무리 속에서 서열을 매기고, 그것을 기준으로 지배와 종속 관계를 가지며, 서로에게 충실한 척하면서도 속으로는 등을 돌리고, 그럼에도 순종하며, 세상이란 원래 이렇다고 확신한다. 반면 그런 무리에 속하는 법이 없는 특이한 사람이 있다. 바람 부는 황야에 의기양양하게 선 한 마리 늑대처럼, 그는 자신의 인생을 홀로 짊어지고 용감하게 살아가다가 홀연히 죽는다. 그는 사람들로부터 절대 잊히지 않는다.

〈마음 가는 대로〉

131
벌거벗은 영혼을
내보이며 살아라

자신의 영혼이 분명하게 드러나는, 다시 말해 그
사람 자체가 꾸밈없이 드러나는 태도와 말투를 가
진 이는 지극히 드물다. 대부분의 사람들은 빈틈
없이 외교적으로 정중한 말을 늘어놓고, 손해와
이득을 꼼꼼하게 따져본 다음 능숙하게 처신하며,
늘 자신을 두텁게 보호하는 데 익숙해서 한순간도
자기 본연의 영혼을 내보이지 않는다.

그들은 민낯과 날것의 감정을 감추는 생활을 하다
보니 결국은 자신의 영혼이 어디에 있는지조차 알
수 없어진 것일까. 아니면 무언가를 두려워하는
것일까.

그래서 그들의 영혼이 여전히 미숙한지도 모른다.

벌거벗은 영혼 그대로 꾸밈없이 다가갈 때만 영혼이 성장할 기회를 얻기 때문이다.

〈영혼에 대해〉

132
어른이 된다는 건
고독해지는 것이다

어른이 된다는 건 사회제도가 정해놓은 나이에 이르는 것이 아니다. 부모로부터 멀리 떨어지는 것이다. 어린 시절을 버리는 것이다. 고독해지는 것이다.

그러나 많은 사람들은 이 중대한 첫걸음을 제대로 내딛지 못한다. 한쪽 발만 앞으로 내밀고 다른 한 발은 뒤편에 남겨둔다. 내심 언제까지나 가족과 고향, 과거와 연결되어 있고 싶은 것이다.

《차라투스트라의 귀환》

HERMANN
HESSE :
WORTE DES
LEBENS

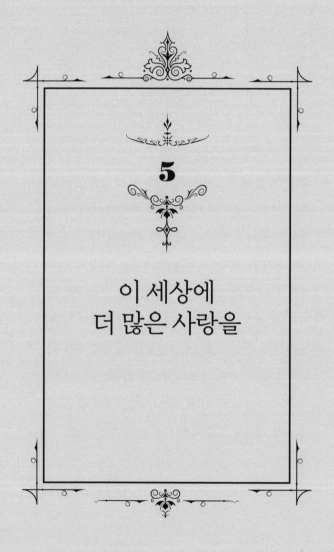

5

이 세상에
더 많은 사랑을

133
이 세상에
더 많은 사랑을

전쟁, 혁명, 과학의 진보와 기술 혁신 같은 것으로 정말 세상이 좋아지겠는가? 이 세상에 부족한 건 어떤 결정적인 힘이나 영웅의 존재인가? 여전히 많이 부족한 건, 실은 사랑이 아닌가. 사랑이 부족하면 사랑을 늘려야 하지 않겠는가. 그렇다면 자기 손이 닿는 범위에서 시작하세. 만사에 미소를 짓고, 계속 인내하고, 이 변변찮은 세상에 대해 비판이나 조소와 같은 작은 복수조차 결코 하지 말고, 성실하고 끈기 있게 자신의 일을 해내세. 그러면 분명 세상에 사랑이 착실하게 늘어날 걸세.

1944년의 편지

134
사랑이 있으면
모든 것은 가치를 얻는다

우리는 종종 감각적인 것을 멸시하거나, 혹은 정
신적인 것을 고귀하고 가치롭게 여기는 경향이 있
다. 하지만 감각적인 것의 가치는 낮지 않다. 정신
적인 것의 가치가 훨씬 높지도 않다. 거기에 사랑
이 있고, 불타는 열정이 있고, 감동이 있다면 전부
매한가지로 인간적인 가치가 있다.

그러니 열정적으로 상대의 몸을 껴안는 것도, 한
편의 시를 짓는 것도 같은 일이다. 거기에 상하 관
계나 귀천은 없다. 모든 것은 하나다. 본인이 진지
하게 사랑으로 임한다면.

《클링조어의 마지막 여름》

135
사랑이 있는 자가
승리한다

승리를 얻는 사람은 다음 세 가지 일을 한다네.

사랑하기. 참고 견디기. 관대하게 용서하기.

이와 반대되는 행위는 다음 세 가지야. 적의나 반

발심을 가지고 상대나 사태를 바라보는 것. 자신

의 일에 충실하지 않은 것. 비판하거나 비웃는 것.

1932년의 편지

136
세상을 가치 있는 곳으로
만들려면 사랑이 필요하다

이 현실 세계는 설마하니 천국이 아니다. 분별없
는 세간 노인들의 말처럼 지금보다 옛날이 나았던
것도 아니다.

옛날 옛적부터 세상은 불완전했고, 게다가 진흙투
성이다. 그러므로 이런 세상을 살아가고, 이런 세
상을 자신에게 가치 있는 곳으로 만들기 위해서는
사랑이 필요하다.

《황야의 이리》

137
행복이 오는
길의 이름은 '사랑'

돈도, 지위도, 명예도, 결혼도, 승리도, 결코 행복을
약속해주지는 않는다. 아니, 행복과는 애초에 인
연이 없다. 행복이 오는 길의 이름은 언제나 사랑
이기 때문이다.

〈마르틴의 일기에서〉

138
사랑에
이유는 없다

지성과 교양은 위대한 업적을 칭찬한다. 비평은
아름다운 것, 뛰어난 것, 재기 넘치는 것, 새로운
것을 다루며 그럴싸하게 판정한다.

하지만 사랑은 다르다. 그런 지성과 교양이 무시
하는 보잘것없는 것, 사소한 것, 남모를 기쁨, 누구
의 눈길도 끌지 않는 들판의 꽃을 더없이 애지중
지한다. 거기에 까다로운 이유 따윈 없다. 그저 사
랑하기만 할 뿐이다.

그런 뜻에서 사랑은 온갖 이지(理智)를 초월하며,
영원하다.

〈문학에서의 표현주의〉

139
사랑에는
마음을 써라

아름다운 것을 보려면, 가장 좋은 것을 느끼려면,

사랑을 만나려면 대가가 필요하네.

그 대가란 돈이 아닐세. 자네의 마음을 써야 하지.

〈어떤 이에게 보내는 편지〉

140
사랑을
간청하지 마라

사랑은 간청하는 것이 아니다.

《데미안》

141
사랑의 고통이
인간을 성숙하게 한다

사랑은 마음의 고통을 동반한다. 누군가를 사랑하면 고뇌가 사랑의 그림자가 된다.

하지만 그런 사랑을 누군가에게 주면, 우리는 전보다 훨씬 점잖아진다.

그렇게 우리는 깊고 강한 맛의 치즈처럼 한 인간으로서 성숙해가는 것이다.

《페터 카멘친트》

142
영혼이란
사랑하는 힘이다

영혼의 본질은 분명 영원이겠지. 하지만 영혼이 어떤 것인지 나는 몰라. 영혼을 해부하거나 분석할 수도 없으니까.

그럼에도 여전히, 우리는 영혼의 존재를 또렷하게 느낄 수 있어. 사랑하는 힘으로서. 사물을 창조하는 힘으로서.

《데미안》

143
상대를 끌어당기는
강한 사랑을 가져라

자신이 어떤 사람을 사랑하는 것을, 그에게 특별히 귀중한 선물을 주는 것과 같다고 결코 생각하지 마십시오.

그게 아니라, 당신의 사랑이 그 사람을 끌어당길 정도로 강해야 합니다.

《데미안》

144
부부의 사랑은
연인끼리의 사랑보다 크다

사랑이라는 단어는 딱 한 가지뿐이지. 하지만 젊은 연인들의 사랑과 결혼한 부부의 사랑은 같지 않아. 역시 다른 거야. 대개 젊을 때는 자기 생각만 하는 법이잖아. 그런 젊은이가 생각하는 사랑은 꽤나 이기적이야. 그들은 상대에게 요구하는 것도 자기가 주는 사랑이라고 믿을 정도니까. 오랜 세월을 함께 보낸 부부의 사랑은 그렇지 않지. 배려와 감사가 넉넉히 포함된 커다란 사랑이야. 유감스럽게도 그런 사랑으로 맺어진 두 사람은 세상에 그리 많지 않지만.

《게르트루트》

145
사랑은
운명보다 강하다

자연의 힘에도, 우연이나 운명의 힘에도 이길 수
는 없다.

하지만 지극히 찰나이긴 하나 우리는 자연이나 운
명의 힘보다 훨씬 강해질 수 있다. 그때는 분명 한
가운데에 사랑이 있다.

《게르트루트》

146
사랑할 수 있는 것이
구원이다

구원이란 사랑이다.

그러나 누군가로부터 사랑받는 것이 구원이라는
뜻은 아니다. 구원이란 다른 데서 무언가를 받는
게 아니다.

자신이 누군가를, 혹은 무언가를 사랑할 수 있다
는 것이 구원 그 자체다.

《클라인과 바그너》

147
아무리 서로 사랑해봤자
영혼은 하나가 되지 않는다

두 사람이 힘을 합칠 수는 있다. 추운 날 둘이서 바짝 붙어 있을 수도 있다. 서로를 소중히 여기고 사랑할 수도 있다.

그러나 두 사람의 영혼을 하나로 녹여서 섞을 수는 없다. 각각의 영혼은 그대로 각자의 것이다. 그것은 괴로운 일일까? 비극일까?

꽃 역시 마찬가지다. 다른 꽃과 맺어지기 위해 향기와 꽃가루를 바람에 실어 날릴 수는 있다. 하지만 뿌리는 원래의 땅에서 움직이지 않는다. 그 뿌리가 꽃의 영혼이다.

《크눌프》

148
사랑은 자기 안에서
확신에 이르는 힘을 가져야 한다

사랑은 자기 안에서 확신에 이르는 힘을 가져야
한다. 그러면 사랑은 끌려가지 않고 끌어당기게
된다.

《데미안》

149
사랑은 우리를
성숙한 인간으로 만드는 학교

우리 안에서 꿈틀거리는 것은 사랑일세. 사랑은
신비로운 에너지 같은 것이지. 하지만 사랑이 항
상 꿀처럼 달콤한 것은 아닐세. 사랑이 비극을 낳
는 경우도 있고, 사랑하기 때문에 죄를 저지르는
경우도 있지. 사랑은 많은 것을 낳으면서도 숱한
아픔을 안겨주기도 하지 않는가. 그런 아픔과 괴
로움, 슬픔을 수차례 경험하며 우리는 드디어 어
른이 되지. 사람으로서 성숙하는 거야. 사랑은 우
리를 성숙한 인간으로 만드는 학교일세.

1903년의 편지

150
사랑은
번민하기 위해 존재한다

사랑은 왜 존재하는 걸까.

사람을 행복한 기분에 젖게 하려고? 아니, 사랑이 존재하는 이유는 행복 같은 게 아니다.

고뇌하고, 고통받고, 번민하고, 슬퍼하고, 헐떡이고, 계속 참고, 그러면서 자신이 얼마나 강해질 수 있는지 똑똑히 가르쳐주기 위해 존재한다.

《페터 카멘친트》

151
사랑의 충동을
두려워하지 마라

우리의 영혼이 원하는 것을 두려워해서는 안 돼.
사랑을 하고 싶다는 충동이 있다면, 그건 네 안에
서 가장 좋은 것이야.
남의 눈에 신경 쓰면서 겁내서는 안 돼. 그런데도
계속 참는다면 머지않아 많은 것을 잃게 되겠지.
단, 내면의 충동에 쓸데없이 휘둘리는 건 경계의
대상이지.
두터운 경의와 사랑으로 충동을 정성껏, 부드럽게
다룬다면 그것은 분명 네 인생에 깊은 의미를 가
져다줄 거야.

《데미안》

152
오래된 사랑은
고요히 따스하다

오래된 사랑은 고요한 숯불과도 같다.

더는 격렬한 열정의 불꽃을 내뿜는 일 없이, 지금은 그저 가만히 타고 있다. 그 따스함이 마음에 약간의 젊음을 부여하며, 겨울밤에는 손끝을 살짝 덥혀준다.

《페터 카멘친트》

153
지나간 사랑은
힘을 남겨줬다

사랑을 했다. 그 사랑은 이미 지나갔다.

그리고 사랑은 나에게 귀중한 것을 안겨줬다. 그
건 비밀스러운 입맞춤이 아니다. 해 질 녘의 산책
도, 둘만의 비밀을 가지는 것도 아니다.

그것은 힘이었다. 그 사람을 위해서라면 뭐든지
하려고 하는 힘이었다. 그 사람을 위해 스스로를
내던질 수 있을 정도의 힘. 한순간을 위해 세월도
자신도 아낌없이 희생할 수 있는 힘이었다.

사랑은 떠났지만 그 힘은 아직 내 안에 있다. 그게
너무나 기쁘다.

〈가을의 도보 여행〉

154
폭군과 노예의 관계는
사랑이 아니다

한 사람은 잔인하고 제멋대로 구는 폭군, 다른 한
사람은 폭군에게 순종하는 비굴한 노예. 그런 관
계는 사랑이 아니다.

《게르트루트》

155
시련이
인간을 크게 만든다

어떤 사정이든 실연은 몹시 괴로운 일입니다. 억지로 참지 말고 마음껏 우세요. 그러나 그 실연의 충격을 부디 손실이나 패배로 여기지 마십시오. 물론 상대방이나 주위 사람들에게 앙심을 품어서도 안 됩니다. 그 파국의 아픔을 천천히 곱씹으십시오. 왜냐하면 그 아픔이 강할수록 당신은 진지한 체험을 했다는 뜻이며, 그런 진정한 체험이야말로 당신을 성장시킬 것이기 때문입니다. 실연하기를 잘했습니다. 그 체험은 당신을 보다 크고 풍요로운 인간으로 만들어줄 테니까요.

1929년의 편지

156
사랑은 행복해지기 위해
존재하는 게 아니다

이 사랑이 저를 행복하게 해주냐고요? 설마. 그런 말은 좀 이상하네요. 원래 사랑은 우리를 행복하게 해주려고 존재하는 게 아니잖아요. 사랑은 행복하고는 관계없는걸요.

그게 아니라 사랑을 하고 있기 때문에 자신이 얼마나 깊게 고뇌할 수 있는지, 얼마나 인내심이 강한지를 사무치게 배울 수 있다고 생각해요.

《페터 카멘친트》

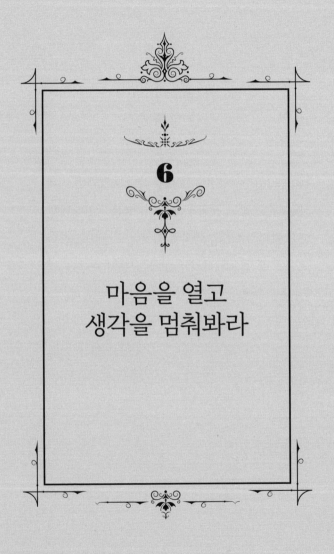

6

마음을 열고
생각을 멈춰봐라

157
마음을 열고
생각을 멈춰봐라

세상에 대해 이런저런 생각을 하며 어떻게든 이해
하려 해도 결코 잘되지 않는다. 알겠다고 생각한
순간 어지러운 수수께끼에 휩싸이고 만다. 그러나
요령껏 생각하려 하지 않고 자신부터 마음을 열
면, 세상 쪽에서 조금씩 우리 안으로 들어온다.

《클라인과 바그너》

158
사심 없이
세상을 관찰해보자

이 시대에서 얻을 수 있는 이득을 남들보다 빨리 찾아내려고 하거나 자신도 한몫 껴서 한밑천 잡으려는 생각은 털끝만큼도 하지 않고, 멀리서 그저 묵묵히, 열심히, 그러나 주의 깊게 세상을 잘 관찰하면 세상은 온갖 것의 발흥과 전말을 보여주고, 각각의 경우별로 다양한 것을 가르쳐준다는 점 정도는 알아두는 편이 좋겠지.

〈저녁 구름〉

159
돈으로 살 수 없는
여름의 기쁨

어젯밤 내린 빗방울이 살짝 맺힌 꽃이 피어 있다.
소녀들이 나무에 사다리를 걸치고 그 꽃을 딴다.
호흡기 질병이나 발열에 잘 듣는 차를 만들려는
것이다. 꽃향기가 넘쳐난다. 햇볕이 내리쬐고, 드
리워진 그림자가 흔들리고, 마치 세상이 기쁨으로
가득한 듯하다.

대도시에 사는 사람들은 분명 돈이나 물건이라면
윤택하게 누리지만, 이런 여름의 기쁨은 물론 돈으
로 살 수 없다.

〈보리수 꽃은 피고〉

160
낯선 곳에서 누리는
여행자의 특권

여행자는 낯선 땅에서 산뜻한 공기와 식사를 만끽하고, 기적 같은 풍경에 할 말을 잊고, 사람들의 순박함에 감격하고, 저녁노을에 감동하고, 깊은 감명을 품은 채 떠난다. 하지만 그곳 사람들은 여행자가 받는 감명과 감동을 한 번도 느끼지 못한 채엇비슷한 나날을 덤덤하게 보낼 뿐이다. 어째서여행자들만 그렇게 감명을 받는 것일까. 그건 그들이 두 번 다시 이 땅으로 돌아올 일이 없다는,영원한 이별을 할 때와도 같은 마음으로 모든 것을 바라보고 사랑하기 때문이다.

〈보리수 꽃은 피고〉

161
진실로 가치 있는 것은
돈으로는 살 수 없다

사랑은 돈으로 살 수 없다. 그러나 즐거움은 돈으로 쉽게 살 수 있다.

참된 가치는 전부 그러하다. 자신의 시간과 피를 바치고 아픔과 희생을 치러야만 얻을 수 있다.

〈내면의 부〉

162
남자는 여자와 얽혀야 비로소
현실을 알게 된다

남자는 혼자 있으면 거의 꿈을 꾸는 상태가 된다.
즐거운 꿈. 악몽. 어느 쪽이든 혼자 있는 한 꿈은
끝없이 이어진다.
하지만 그 남자가 여자와 얽히면 비로소 현실이
시작된다.

1921년의 메모

163
아름다운 것은
죄다 덧없다

아름다운 것은 죄다 덧없다. 또한 약간의 슬픔이 휘감겨 있고, 공연한 불안마저 불러일으킨다. 머리칼이 예쁜 소녀들. 하늘을 나는 새들. 나비. 구름 틈으로 새어 나오는 저녁 무렵의 햇살.

《크눌프》

164
아름다운 것을
봐둬라

마음의 깊은 아픔은 물론, 자기 자신조차 잊어버
릴 듯한 아름다움을 만나둬라. 예술이든 자연이든
상관없고, 찰나라도 좋으니 아름다운 것을 봐둬
라. 이 인생에는 반드시 비애가 있다. 비참함도 있
다. 그들은 소나기처럼 다가왔다가 떠난다.

하지만 그대가 본 아름다운 것은 그대 안에 오래
도록 남아서 사라지지 않는다.

〈아름다운 것의 지속〉

165
사심 없는 눈에는
아름다움이 보인다

사심 없이 본다. 그러면 이 세상 모든 것이 아름다
운 모습으로 변한다.
그런 눈이야말로 사랑의 시선이기 때문이다.

〈영혼에 대해〉

166
어떤 것에든
아름다움과 진실이 있다

생각이 아주 깊어지면 그야말로 온갖 것에서, 아무리 하찮은 것에서도 아름다움과 진실을 발견할 수 있다.

많은 사람들이 그냥 지나치는 흔한 것에서도 진실과 영원의 모습을 보는 눈을 가지게 되는 것이다. 일테면 빗방울. 나비의 날개. 거미집. 흘러가는 구름. 어디에나 있는 모든 자연에서.

1909년의 메모

167
아름다움은
신의 모습이다

아름다움은 그저 주관적인 것이 아닙니다. 아름다움은 사람이 만든 것도 아닙니다.

아름다움은 신이 모습을 드러내는 방법 중 하나입니다.

〈어느 여성 가수에게 썼지만 보내지 않은 편지〉

168
자연은 다채로운
상형문자다

현대의 기계문명 속에서 살아가는 데 익숙해져버
린 우리는 자연을 멀리서 대기하고 있는 배경이나
자동 조명처럼 느끼지 않는가.

사실 자연은 다채로운 상형문자다. 그러므로 자연
현상에서 많은 것을 해석해낼 수 있다. 그렇기 때
문에 자연은 여전히 예술의 근원인 것이다.

〈나비에 대해〉

169
구름은 영원한 아름다움의
실재를 보여준다

막막할 정도로 무한히 넓어 거리조차 가늠할 수
없는 텅 빈 공간에서, 구름은 갖가지 모양을 만들
며 우리를 매혹한다.

구름은 그 존재만으로 우리가 얼굴을 들게 하여
하늘과 사람을 다정하게 연결한다. 게다가 해나
달, 별들을 올려다볼 때와 전혀 다른 기분을 불러
일으킨다.

그런 구름은 늘 덧없이 형태를 계속 바꿀 뿐이다.
구름은 영원한 아름다움의 실재를 분명히 보여주
면서도 우리에게 약간의 애수를 안겨준다.

〈구름〉

170
하늘을 떠도는
구름을 사랑한다

이 기나긴 세월 속에서 나의 죄는 사람보다 천공
을 떠도는 구름을 사랑한 것이었다.

시 〈내 인생은 무엇이었나〉

171
모든 것은
선함과 고귀함을 지향한다

어떤 이는 말하지. 인생은 잔혹하다고. 자연도 잔
혹하고 역사는 끔찍하다고.

그건 고작 몇 번의 사랑만 경험하고서 "사랑은 쓴
맛이잖아. 크림빵 맛이랑은 전혀 달라" 하고 말하
는 것과 마찬가지일세.

모든 것에는 쓴 부분이 있다네. 잔혹한 면도 있지.
그럼에도 여전히, 무엇이든 최종적으로는 선함과
고귀함을 지향한다는 점을 잘 알아둬야 한다네.

1903년의 편지

172
책을 읽을 때의
세 가지 마음가짐

최고의 책이란 이미 존재하는 것도 아니고, 권위 있는 누군가가 정하는 것도 아니다. 가장 좋은 책은 자신의 취향으로 읽고 비교해서 정하는 것이다. 그런 책을 여러 권 읽고 책장에 꽂아뒀을 때, 그것은 그 사람이 가진 온 세상의 중심이 된다.

그렇다면 책은 어떻게 읽어야 할까. 적어도 다음 세 가지가 필요하다. 책의 내용에 대한 경의. 이해하려는 끈기. 마지막까지 저자의 말에 귀를 기울이는 겸허함. 그래야 비로소 독서라는 행위가 이루어진다.

〈독서와 책의 소유〉

173
책은
힘을 준다

그 어떤 책을 읽는다 해도, 동서고금의 모든 책을
한 권도 빠짐없이 독파한다 해도, 그 때문에 행복
해지는 것은 아니다.

하지만 내가 읽은 책은 반드시 나에게 힘을 준다.

길을 잃고 헤맬 때나 무슨 일이 있을 때, 본래의
자신으로 돌아오는 힘과 그 힘을 키우는 영양분을
남몰래 건네주는 것이다.

시 〈책〉

174
많이 읽기보다
깊이 읽어라

지식이나 재료를 무작정 많이 모으려는 의도로 잡
다한 책을 이것저것 읽는 사람을 볼 수 있다.

이는 파티에서 수많은 사람들을 만나 인사하며 명
함을 모으고서는 "사람들을 잔뜩 알게 됐어. 친구
가 됐어" 하며 득의양양하게 웃는 것이나 마찬가
지다.

책과의 사귐도 사람의 경우와 마찬가지라서 상대
를 경외하며 깊게 알아야 한다.

상대가 책이라 해도 마음을 다해 자신의 시간을
충분히 쓰고, 사랑을 담아 사귈 필요가 있다.

〈세계문학〉

175
자유롭고 거칠 것 없는
궁극의 독서법

독서의 최고 단계에 이르면 어떻게 되는가. 더없이 자유롭고도 거칠 것 없이 책을 읽게 된다. 그렇게 된 누군가가 동화 한 편을 읽는다면 어떤 때는 그 동화를 심오한 철학서로 읽을 테고, 또 어떤 때는 우주론으로, 또 다른 때는 향기롭고 에로틱한 문학으로 읽을 것이다. 마치 어린아이가 침대를 눈 덮인 산이나 바위 동굴, 드넓은 정원이라고 상상하며 끝없이 노는 것처럼. 요컨대 그는 모든 연상을 총동원해서, 세상을 통째로 그곳에 전개시키며 책을 읽을 수 있는 것이다.

〈독서에 대해〉

176
의무감으로 읽은 책은
자기 것이 되지 않는다

도스토옙스키의 작품은 장황해서 싫다는 사람도 있다. 셰익스피어의 작품을 혐오하는 사람도 있다. 자신의 기분과 감성에 따라, 세계문학을 마음 가는 대로 좋아하거나 싫어해도 된다.

반면 의무처럼 이 책 저 책 읽는다면, 결국은 사랑하는 방법을 배우지 못하게 된다.그러므로 억지로, 참아가며, 강제로, 의무감에, 허세로, 이득을 노리고 책을 읽을 바에는 아무것도 읽지 않는 편이 몸과 마음에 건강한 일이다.

〈세계문학〉

177
책은
직접 골라서 읽어라

독서를 할 때도 비즈니스와 같은 효율이나 최대
효과를 노리며 평론가가 추천하는 도서나 유행하
는 책을 읽는다면, 결과적으로 오히려 비효율적이
되어 효과가 줄어들 것이다.

그보다 자신의 내면이 원하는 대로, 또는 자신의
감성이 느끼는 대로 마음에 드는 책을 골라서 천
천히 읽는 편이 훨씬 낫다. 그런 자연스러운 독서
야말로 자신의 참된 교양으로 흡수되는 법이다.

〈책과 인연 맺기〉

178
노인들이여,
더 웃으시게

노인들이여, 비난과 불평은 이제 내버리시게. 그대신 더 웃으시게. 시시한 농담을 하시게. 언제나 유쾌하게 지내시게.

더는 찌푸린 얼굴로 심각하게 생각하지 마시게. 그림을 감상하듯이 세상을 바라보시게. 그리고 다시 한번 웃으시게.

시 〈저녁 구름〉

179
노인이여,
젊은이에게 자리를 양보하시게

노인이여. 미련 없이 땅에 묻히시게.

힘이 없어도 지팡이를 짚고 일어서서 그대가 지

금껏 쭉 앉아 있던 자리를 흔쾌히 젊은이에게 양

보하시게. 그리고 먼지만큼도 겁내지 말고 조용히

눈을 감으시게.

시 〈봄의 말〉

180
나이를 들면 조금씩
죽음에 대비하기

내가 정원에서 마른 잎과 잔가지로 모닥불을 피우고 있을 때, 여든쯤 되는 노파가 지나가다가 인사하더니 미소 지으며 말했다.

"모닥불이군요. 멋지네요. 그렇죠, 모닥불은 아주 좋은 거예요. 우리 정도 나이를 먹으면 조금씩이라도 지옥의 업화(業火)에 익숙해질 필요가 있으니까요."

〈노령에 대해〉

181
가장 올바른 종교 따위는
존재하지 않는다

나는 가장 올바르고도 진리로 가득한 단 하나의
종교라는 건 동서고금 어디에도 없다고 생각하네.
바라문교가 필요한 시대도 있었고 불교가 필요한
시대도 있었으며 기독교가 필요한 시대도 있었을
뿐 아닐까.
우리의 생활도 마찬가지일세.
휴식이 필요할 때도 있고, 마음속 깊이 침잠해야
할 때도 있으며, 창작에 몰두할 때도 있으며, 일하
거나 놀아야 할 때도 있으니까.

1921년의 편지

182
애국심은
조심해야 한다

세상 사람들이 추켜올리는 덕(德)에는 충분히 주의를 기울이는 편이 좋다. 예컨대 그중 하나가 애국심이다.

전쟁터에서 적을 많이 죽인 병사가 영웅 취급을 받는다. 그들은 훈장을 받고, 연금을 받고, 참된 애국자로 불린다.

한편 전쟁터에 가서 사람을 죽이는 일 없이, 구슬땀 흘려 땅을 일구고 작물을 기르며 가족과 함께 하루하루 근근이 살아가는 농민은 애국자라고 불리지 않는다.

〈마음 가는 대로〉

183
혁명도 전쟁도
내용물은 똑같다

혁명과 전쟁은 전혀 달라 보이지만 사실은 똑같다. 양쪽 모두에서 그전과는 다른 수단에 의해 정치가 계속될 뿐이니까.

〈마음 가는 대로〉

184
당신도 사람을
죽이지 않았는가?

혹여 당신도 사람을 죽이지 않았는가? 재능 있는 젊은이들에게 적성에 맞지 않는 일을 시키는 것도 살인입니다. 성가시다며 보고도 못 본 척하는 것도 살인을 거드는 일이고요. 이상한 법률과 제도가 통과하는 상황을 방관하는 것도 살인이나 마찬가지입니다. 자신의 생활을 지키기 위한 냉혹함, 멸시와 무관심도 누군가의 가능성을 죽이는 일입니다. 불안한 젊은이에게 박정하거나 의심에 찬 태도를 보이는 것 역시 그의 장래를 벌레처럼 죽이는 일입니다.

〈죽이지 말 것〉

185
개선하자는 건
오만이다

이 세상을 개선하자는 멍청한 소리는 하지 말기
바란다.

세상은 정치나 당신들의 장난감이 아니며, 애초
에 지금 세상이 좋니 나쁘니 하는 판단 자체가 터
무니없이 오만하지 않은가.

어린아이나 젊은이들에 대해서도 마찬가지다. 그
들을 개선시키자고 생각하는 멍청이들이 수없이
많다. 그들이 말하는 좋다느니 나쁘다느니 하는
건 대체 뭐란 말인가.

세상의 틀에 집어넣고 강제로 짓누르는 게 정말로
좋은 일인가. 젊은이들이 세상의 기준에서 벗어나
새로운 방식으로 살아가는 게 그렇게 나쁜 일인

가. 개선이라느니 개량이라느니 큰 소리로 외치는
바보들이여.

《차라투스트라의 귀환》

186
사회성이
그렇게 중요한가

사회성이 그렇게 중요한 걸까요. 개인보다 공동체가 더 중요한 걸까요. 개인적 의무보다 사회적 의무가 훨씬 더 고매하다는 말이라도 하는 걸까요.

종교의 역할이 줄어든 오늘날, 어째서인지 사회성, 공동체라는 개념과 말은 지나치게 종교적이고 숭고해지지 않았나요.

1932년의 편지

187
세상은
그대를 반영하고 있다

그대는 진심으로 이 세상이 아름답고 풍요롭다고 생각하는가. 만약 그렇다면 그대는 자기 자신으로 살아가고 있는 걸세. 그것만으로 세상을 더욱 풍요롭고 행복하게 만들고 있지. 세상을 추악하고 불결하며 부정과 허위가 활개 치는 곳으로 여긴다면 그대 자신이 이기심으로 가득하고, 거짓에 휩싸여 있으며, 겁쟁이인 데다가 조금이라도 더 많은 돈을 원하는 것일세. 바로 그런 사람들이 세상을 개선하자고 옛날부터 진지한 얼굴로 늘 말해왔기 때문일세.

《차라투스트라의 귀환》

188
하찮은 일은
웃어넘겨라

세상에는 화가 나는 일이 가득한 법이지. 추악함도 셀 수 없이 많고, 너무나 하찮은 것, 비열한 것도 넘쳐난다네. 그렇다고 그것을 비난하거나, 경멸하거나, 그 때문에 일일이 불쾌해져서 어쩔 셈인가.

그런 것도 분명 이 세상의 일부라는 사실을 인정하세. 결코 있어서는 안 될 것은 아니지. 흐름 속에는 혼탁한 부분도 있기 마련일세. 그러니 그런 것에 구애되지 말고, 차라리 웃어넘기세.

〈평범한 이에게 보내는 편지〉

189
모든 것에는 시간과 침묵이
필요하다

모든 번영과 평화, 성장, 아름다움의 출현에 필요
한 것은 시간이다. 시간 말고도 반드시 필요한 것
이 있다. 바로 침묵이다.

1921년의 일기